支持单位：北京 2022 年冬奥会和冬残奥会组织委员会

青少年冰雪运动绘本百科

履冰踏雪冬奥会

《履冰踏雪冬奥会》编委会 编著

北京体育大学出版社

策划编辑：闫　翔　李志诚
责任编辑：李志诚
责任校对：原子茜
版式设计：郭　鑫

图书在版编目（CIP）数据

履冰踏雪冬奥会：青少年冰雪运动绘本百科 / 《履冰踏雪冬奥会》编委会编著 . -- 北京：北京体育大学出版社，2021.8（2022.2重印）
ISBN 978-7-5644-3459-5

Ⅰ . ①履… Ⅱ . ①履… Ⅲ . ①冰上运动－青少年读物 ②雪上运动－青少年读物 Ⅳ . ① G86-49

中国版本图书馆 CIP 数据核字（2021）第 161135 号

履冰踏雪冬奥会
LVBING TAXUE DONGAOHUI
《履冰踏雪冬奥会》编委会　编著

出版发行：北京体育大学出版社
地　　址：北京市海淀区农大南路 1 号院 2 号楼 2 层办公 B-212
邮　　编：100084
网　　址：http//cbs.bsu.edu.cn
发 行 部：010-62989320
邮 购 部：北京体育大学出版社读者服务部 010-62989432
印　　刷：北京瑞禾彩色印刷有限公司
开　　本：889mm × 1194mm　1/16
成品尺寸：210mm × 285mm
印　　张：5
字　　数：130 千字
版　　次：2021 年 8 月第 1 版
印　　次：2022 年 2 月第 3 次印刷
定　　价：59.00 元

编 委 会

目录
CONTENTS

我叫冰冰，人称“冰雪公主”。我特别喜欢冰雪运动，滑冰、滑雪、冰壶、冰球……都不在话下。我还知道很多冬奥会知识。关于冬奥会，你有什么想了解的，都可以问我哦！

我叫雪雪，我跟着冰冰尝试了很多冰雪项目，虽然不是每次尝试都能成功，但运动让我快乐。我的梦想就是成为“冰雪王子”，梦想嘛，还是要有的，万一实现了呢！

我是一头爱运动的棕熊，我喜欢和冰冰、雪雪一起玩耍，体验各种冰雪运动。虽然他俩老是捉弄我，还说我贪吃又胆小，但我的运动潜能可是非常惊人的。如果动物界举办冬奥会，我肯定能拿很多金牌！

嗨，你准备好了吗？和冰冰、雪雪、棕熊一起，开启冬奥会冰雪之旅吧！

冰雪运动的起源和冬奥会的诞生

源于生活的冰雪运动

人们为了在冰天雪地里生活，发明了各种冰雪运动：为了方便冰上出行，想到了滑冰；为了在雪地里捕猎，发明了滑雪；为了军事训练，开始了冬季两项的比赛；当然，冰雪天里也需要娱乐，于是，花样滑冰就诞生了。

为了娱乐而诞生的冰雪运动

你知道雪车和雪橇吗？它们的速度非常快，属于高速滑行运动。不过，和雪爬犁的发明一样，当初人们发明雪车和雪橇就是为了好玩。“嗖嗖嗖”，高速滑行，太酷了！

为了捕猎而诞生的冰雪运动

在古代，猎人用绳子的一头把猎物拴住，另一头套在自己身上，踩着滑雪板拖着猎物滑回家。他们会用到一种特殊的滑雪板——“毛雪板”。这种用动物毛皮包裹住的木质雪板，上坡时不会倒滑，下坡时滑行更快。至今，我国新疆阿勒泰等地还有人在使用这种滑雪板。

夏奥会中的首次冰雪活动

夏奥会的创始人皮埃尔·德·顾拜旦一直有举办冬奥会的心愿。为此，国际奥委会积极推动冬奥会的举办。1908 年，伦敦夏奥会首次将花样滑冰列为比赛项目。这届奥运会是历届奥运会时间最长的一届，比赛从 4 月 27 日开始，到 10 月 31 日才宣告结束，当时的伦敦已经很冷了。

源于北欧的现代滑雪运动

现代滑雪运动大部分起源于北欧国家，如越野滑雪、跳台滑雪、冬季两项、北欧两项等。北欧国家一直有举办滑雪运动比赛的传统。例如，1842 年，挪威举办了第 1 次越野滑雪比赛；1866 年，世界上第 1 场跳台滑雪比赛也在挪威举办；1910 年，在挪威奥斯陆举办的世界滑雪大会标志着滑雪运动有了自己的国际组织，世界性滑雪比赛开始举办。

误打误撞，第 1 届冬奥会诞生

1924 年，在巴黎举办第 8 届夏奥会的同一年，法国小镇夏蒙尼举办了“奥林匹克周冬季运动会”。这是派生于夏奥会的冰雪活动周，来自欧美16个国家的258 名运动员参加了滑雪、滑冰、冰球和有舵雪橇 4 个大项的比赛。决出第 1 个金牌项目的是男子 500 米速度滑冰，美国运动员查尔斯·朱特劳获得了这个项目的冠军，这是冬奥会历史上的第 1 枚金牌。这次比赛的成功举办，使国际奥委会下定决心创办冬季奥林匹克运动会，并追认夏蒙尼冬奥会为首届冬奥会。

为了出行而诞生的滑冰运动

很久以前，荷兰人进入冬季后把结冰的湖面、河面作为“高速公路”，用滑冰的方式在村庄间穿梭，以方便出行、增添乐趣、节省时间。因为荷兰有很多河流，一到冬季就会有大面积冰面，所以滑冰运动很快流行起来。

在军事训练中诞生的滑雪运动

一开始，挪威和瑞典的边防巡逻部队滑雪巡逻到某个地点，然后两边进行射击比赛。久而久之，这种比赛逐渐发展成为冬季两项，并逐渐在欧美国家开展。

奥运会"冷"知识

被迫取消或推迟的奥运会

截至目前，一共有 6 届奥运会被迫取消或者推迟：1916年的柏林夏奥会，1940年的东京夏奥会和札幌冬奥会，1944年的伦敦夏奥会和科尔蒂纳丹佩佐冬奥会，以及2020年的东京夏奥会。前 5 届是因为世界大战而被迫取消或者推迟。

"实实在在"的第24届冬奥会

被迫取消的夏奥会依然被计入举办届数，但被迫取消的冬奥会并没有被计入举办届数。所以，从1924年夏蒙尼第 1 届冬奥会算起，2022 年北京冬奥会将是"实实在在"的第 24 届冬奥会。冬奥会经历了近百年的发展历史。

奥运金牌是纯金的吗

说出来你可能有点失望，奥运金牌不是纯金的，甚至含金量并不高。根据国际奥委会的规定，奥运金牌最少要含有 6 克黄金，以及 92.5% 的白银。历届奥运金牌也基本按照这一规定打造。

唯一的例外是1912年瑞典斯德哥尔摩奥运会，当时的金牌是纯金打造的。不过，整块金牌只有 24 克，并不重。

奥运圣火那些事

在现代奥运会历史上，第 1 次点燃火炬是在 1920 年第 7 届夏奥会上，举办地为比利时的安特卫普，以悼念在第一次世界大战中死去的人们。

第 1 次点燃冬奥会火炬是在 1936 年德国加米施 - 帕滕基兴冬奥会上。

第 1 次进行冬奥会火炬传递是在1952年挪威奥斯陆冬奥会上。

首个冬奥会吉祥物——“雪士”

第 1 个冬奥会吉祥物诞生于 1968 年的法国格勒诺布尔冬奥会。它的名字叫“雪士（Schuss）”，原意是“高速滑雪”。这是一个身上印着红、白、蓝三色（法国国旗颜色）的卡通滑雪人，看起来像是一个有着坚强意志的小精灵。

旅馆冬奥会

并不是每届冬奥会都有很棒的奥运村。比如，1948 年的瑞士圣莫里茨第 5 届冬奥会。因为这是世界大战之后第 1 次举办冬奥会，加上筹备时间紧张，圣莫里茨没有修建奥运村。选手们都住在赛场周边的旅馆里，所以本届冬奥会也被戏称为“旅馆冬奥会”。

职业运动员不受欢迎吗

为了鼓励大众参与，最初国际奥委会一直坚持“非职业原则”，限制那些以参赛为生的职业运动员参加奥运会。但后来随着职业赛事规模迅速扩大，比赛水平越来越高，1980 年，国际奥委会取消了有关“非职业原则”的规定。

1988 年，职业网球选手出现在汉城奥运会赛场，现代奥林匹克运动翻开了新的一页。

亚洲选手的加入

在 1928 年圣莫里茨第 2 届冬奥会上，日本运动员参加了越野滑雪、跳台滑雪和北欧两项的比赛，这是冬奥会历史上首次出现亚洲运动员的身影。

第 1 位女旗手

1932 年，在普莱西德湖冬奥会的开幕式上，担任英国代表团旗手的是一位女运动员。这是冬奥会历史上的第 1 位女旗手。

冬奥会的“进化”

比赛项目大大增加

在夏蒙尼举办的第 1 届冬奥会上，一共有 6 个大项、9 个分项、16 个小项的比赛，而到 2022 年北京冬奥会时，将有 7 个大项、15 个分项、109 个小项的比赛了。

大项	分项
滑雪	越野滑雪
	跳台滑雪
	北欧两项
滑冰	花样滑冰
	速度滑冰
冰球	冰球
冰壶	冰壶
雪车	雪车
军事巡逻	军事巡逻

大项	分项	大项	分项
滑雪	高山滑雪	雪橇	雪橇
	越野滑雪	冰壶	冰壶
	跳台滑雪	冰球	冰球
	自由式滑雪	滑冰	花样滑冰
	单板滑雪		短道速滑
	北欧两项		速度滑冰
冬季两项	冬季两项		
雪车	雪车		
	钢架雪车		

参赛国家和地区越来越多

第 1 届冬奥会的参赛选手来自欧洲和北美的 6 个国家和地区，此后冬奥会在世界范围内的影响力不断增大，到第 23 届冬奥会时，参赛选手遍布欧洲、美洲、亚洲、非洲、大洋洲的 91 个国家和地区。

女运动员占比不断提升

第 1 届冬奥会的 258 名运动员中，只有 13 名女运动员。随着女性地位的提升，奥运会女子项目不断增加，参赛女运动员的数量和占比不断提升。到了第 23 届冬奥会时，2833 名运动员中有 1169 名女运动员。

比赛成绩越来越好

随着科学合理的训练以及器材、装备的不断创新，加上比赛场馆条件越来越好，近百年来，冬奥会比赛成绩早已今非昔比。例如，男子 500 米速度滑冰的成绩从 44 秒提高到了 34 秒 41；第 1 届冬奥会男子 18 千米越野滑雪冠军的成绩是 1 小时 14 分 31 秒 4，而第 23 届冬奥会女子 30 千米集体出发冠军就已经滑出 1 小时 22 分 17 秒 6 的好成绩了。在一些滑雪项目中，技术难度越来越高，动作创新性不断增加，运动员的水平不断提高，打分决定比赛的项目分值也不断被刷新。

北京冬奥会、冬残奥会的设计元素

每届冬奥会都有专属的设计元素，如会徽和吉祥物，体现着举办地对奥林匹克精神和本地文化的理解和表达。认识这些设计元素，能帮助我们更好地看懂冬奥会、参与冬奥会。一起来看看北京冬奥会、冬残奥会的设计元素吧！

会徽

BEIJING 2022

北京冬奥会会徽“冬梦”是一个艺术化处理的汉字“冬”。图形上半部分是滑冰运动员的造型，下半部分则表现了滑雪运动员的英姿。这种结合中国书法的艺术表达方式，体现了东方文化底蕴与国际化现代风的融合。

BEIJING 2022

北京冬残奥会会徽“飞跃”则是根据汉字“飞”设计的，看上去就像一个向前滑行、冲向胜利的运动员，也形象地表现了轮椅等残奥会特殊运动器械的形态。这一设计寓意运动员经过顽强拼搏、历经坎坷，最终获得成功。

吉祥物——冰墩墩和雪容融

北京冬奥会的吉祥物就是这只可爱又富有科技感的大熊猫，名叫“冰墩墩”。“冰”的意思是纯洁、坚强，代表着冬奥会；“墩墩”表示敦厚、可爱、活泼，象征着运动员强壮的身体、坚韧的意志和鼓舞人心的奥林匹克精神。其左手掌心的心形图案，表示我们对全世界朋友的热情欢迎。

北京冬残奥会的吉祥物叫“雪容融”。其设计灵感来自代表着收获、喜庆、温暖和光明的红灯笼。“雪”是洁白、美丽的象征，代表着冰雪运动的特点；“容”表示包容、宽容、交流互鉴；“融”寓意融合、温暖、相知相融。“雪容融”表达了世界文明交流互鉴、和谐发展的理念。

知道多一些

“冰墩墩”和“雪容融”的创作团队分别来自广州美术学院和吉林艺术学院。这两个形象是北京冬奥组委从来自世界各地的5816份吉祥物设计中精心挑选出来的。

冬奥会的精神和文化

上面这几组词语就是对奥运精神的概括。《奥林匹克宪章》中是这样说的：“每一个人都应享有从事体育运动的可能性，而不受任何形式的歧视，并体现相互了解、友谊、团结和公平竞争的奥林匹克精神。”

输不起的冰球队

作为世界强队，加拿大冰球队曾多次获得奥运冠军和世锦赛冠军。但是，在 2018 年平昌冬奥会的女子冰球决赛上，加拿大冰球队却让全世界大跌眼镜。当天决赛，加拿大队输给了美国队，获得了亚军。颁奖仪式上，加拿大选手当场摘下奖牌——这一行为在奥运赛场上是绝对不允许的。

这是加拿大队与美国队第 5 次在决赛上相遇，加拿大队表现出很大的优势。在平昌冬奥会之前，加拿大队已经取得冬奥会四连冠，此次出征，她们的目标是实现五连冠。比赛过程异常激烈。美国队先声夺人

奥林匹克格言

2021 年 7 月 20 日，国际奥委会第 138 次全会投票表决，同意在奥林匹克格言“更快、更高、更强”之后，加入“更团结”，即“更快、更高、更强——更团结”。

北京冬奥会愿景

纯洁的冰雪，激情的约会。
秉持绿色、共享、开放、廉洁理念，
创造北京冬奥会和冬残奥会的精彩、非凡、卓越。
让奥林匹克点亮青年梦想，
让冬季运动融入亿万民众，
让奥运盛会惠及发展进步，
让世界更加相知相融。

攻进一球后，被加拿大队连进两球反超。此后，顽强的美国队再打进一球，两队战成 2∶2。加时赛双方都没有进球，于是只能以残酷的点球大战一决胜负。结果，美国队点球获胜，夺得了冠军。

加拿大队的女将们不愿接受这一结果，所以出现了颁奖仪式上摘下奖牌的一幕。她们摘下奖牌的那一刻，就已经违背了奥运精神，这种做法是对其他对手的不敬，更是对冬奥会的不敬。

这种违背奥运精神，无视奥运会的无理行为受到各界指责。最后，加拿大队员在巨大的舆论压力下，向国际奥委会、国际冰球联盟道歉。

学习明星运动员，过有意义的人生

著名的短道速滑运动员杨扬不仅是我国冬奥冠军第一人，还是获得世界冠军最多的中国运动员。她在赛场上取得了辉煌的成绩，离开赛场以后，依然努力上进，生活多姿多彩。

2006 年，杨扬宣布退役，但是她并没有离开自己热爱的冰雪事业。一方面，她努力学习，获得了清华大学经济管理学院学士学位。另一方面，她还积极参与各项活动：2010 年，当选国际奥委会委员；2016 年，担任国际滑冰联合会理事，成为首位女性速滑理事；2019 年，当选世界反兴奋剂机构副主席；目前还担任北京冬奥组委运动员委员会主席。她还多次参加公益事业，将自己所得回报社会，支持运动员、青少年发展。

挑战自我，成为更好的自己

高山滑降运动员的时速能够达到 110 千米；速度滑冰运动员靠冰刀和自己的双腿时速能够达到 60 千米；短道速滑一圈 111.12 米，运动员最快速度达到 8 秒；雪车、雪橇运动员在高速情况下时速能够达到 130 千米……这些都是人类在运动项目中挑战极限的速度，体现了运动员们不断追求卓越、挑战极限的精神。

希望通过学习冬奥知识、练习冬季运动项目、举办冬季运动比赛，体验到滑雪、滑冰、冰球、冰壶等运动的快乐和激情，将冬奥精神融入日常生活——这是我们举办冬奥会的重要意义之一！

认会徽，识冬奥

奥运会的主要标志是 5 个相套的、不同颜色的圆环，象征五大洲的团结以及全世界运动员以公正、公平、坦率的比赛和友谊的精神在奥林匹克运动会上相见。

每一届奥运会会徽的图案都不一样，但都有五环标志。同时，会徽衬以表现奥运城和东道国历史、地理、民族文化传统等特点的主图案，还标注了奥运会举办的时间和地点。一起来看历届冬奥会的会徽吧！

米兰 - 科尔蒂纳丹佩佐冬奥会 意大利	北京冬奥会 中国	平昌冬奥会 韩国	索契冬奥会 俄罗斯	温哥华冬奥会 加拿大
都灵冬奥会 意大利	盐湖城冬奥会 美国	长野冬奥会 日本	利勒哈默尔冬奥会 挪威	阿尔贝维尔冬奥会 法国
卡尔加里冬奥会 加拿大	萨拉热窝冬奥会 南斯拉夫	普莱西德湖冬奥会 美国	因斯布鲁克冬奥会 奥地利	札幌冬奥会 日本
格勒诺布尔冬奥会 法国	因斯布鲁克冬奥会 奥地利	斯阔谷冬奥会 美国	科尔蒂纳丹佩佐冬奥会 意大利	奥斯陆冬奥会 挪威
圣莫里茨冬奥会 瑞士	加米施 - 帕滕基兴冬奥会 德国	普莱西德湖冬奥会 美国	圣莫里茨冬奥会 瑞士	夏蒙尼冬奥会 法国

可爱的冬奥会吉祥物

冬奥会吉祥物一般是当地著名的动物，或者可以代表当地文化特色的人物，以奥运会作为主题来展示主办城市的独特地理特征、历史和文化。这些可爱的吉祥物分别代表了哪些城市？猜猜看。

2022 年北京冬奥会

2018 年平昌冬奥会

2014 年索契冬奥会

2010 年温哥华冬奥会

2006 年都灵冬奥会

2002 年盐湖城冬奥会

1998 年长野冬奥会

1994 年利勒哈默尔冬奥会

1992 年阿尔贝维尔冬奥会

1988 年卡尔加里冬奥会

1984 年萨拉热窝冬奥会

1980 年普莱西德湖冬奥会

1976 年因斯布鲁克冬奥会

1968 年格勒诺布尔冬奥会

别致的冬奥会火炬

奥运圣火在奥运主会场熊熊燃烧，象征着光明、团结、友谊、和平和正义。而火炬接力活动则象征着在世界各地传播光明、团结、友谊、和平和正义。

2022 年北京
冬奥会

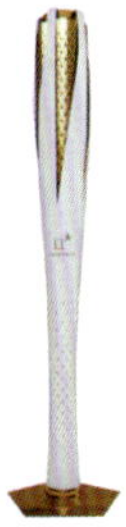
2018 年平昌
冬奥会

2014 年索契
冬奥会

2010 年温哥华
冬奥会

2006 年都灵
冬奥会

2002 年盐湖城
冬奥会

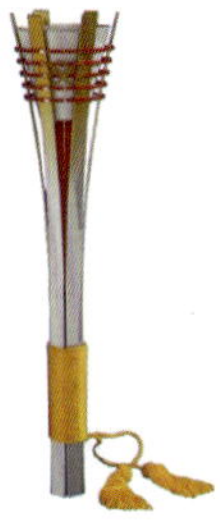
1998 年长野
冬奥会

1994 年利勒哈默尔
冬奥会

1992 年阿尔贝维尔
冬奥会

1988 年卡尔加里
冬奥会

1984 年萨拉热窝
冬奥会

1980 年普莱西德湖
冬奥会

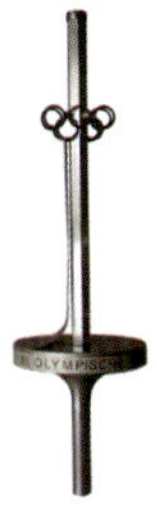
1976 年因斯布鲁克
冬奥会

1972 年札幌
冬奥会

1968 年格勒诺布尔
冬奥会

1964 年因斯布鲁克
冬奥会

1960 年斯阔谷
冬奥会

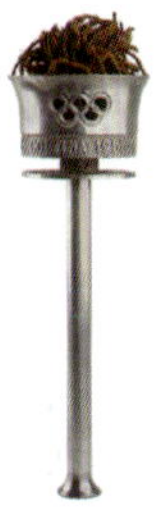
1956 年科尔蒂纳丹佩佐
冬奥会

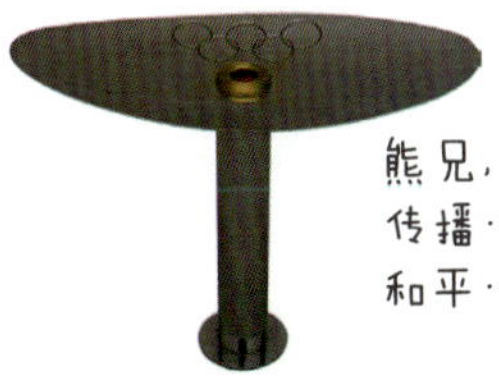
1952 年奥斯陆
冬奥会

你认识冬奥会体育图标吗

奥运会体育项目各有不同，举办国会为这些项目设计出独特的图标。历届奥运会的体育图标都体现了举办国与举办地独具匠心的创意设计、理念与文化背景。

北京冬奥会的体育图标和会徽一样，以中国汉字为灵感，以篆刻艺术为主要呈现形式，将冬季运动元素与中国传统文化巧妙结合。你能分辨出不同的体育项目吗？

短道速滑

速度滑冰

花样滑冰

冰球

冰壶

高山滑雪

跳台滑雪

越野滑雪

北欧两项

自由式滑雪
空中技巧

自由式滑雪
雪上技巧

自由式滑雪
障碍追逐

自由式滑雪坡面
障碍技巧

自由式滑雪 U 型
场地技巧

自由式滑雪
大跳台

单板滑雪
平行大回转

单板滑雪
障碍追逐

单板滑雪坡面
障碍技巧

单板滑雪 U 型
场地技巧

单板滑雪
大跳台

雪车

钢架雪车

雪橇

冬季两项

中国参加冬奥会征程

恢复在国际奥委会的合法席位

1979 年，国际奥委会宣布中华人民共和国奥林匹克委员会的名称为“中国奥委会”，使用中华人民共和国国旗和国歌，设在中国台北的奥委会名称为“中国台北奥委会”。

首战普莱西德湖

1980 年，第 13 届冬奥会在美国普莱西德湖举行。这届奥运会最引人注目的亮点就是中国代表团时隔 28 年后重返奥运会赛场，这也是中国代表团第 1 次高举五星红旗在奥运会的开幕式上阔步入场，同时也是中国选手首次参加冬奥会。当时，中国派出 28 名运动员参加了滑冰、滑雪、现代冬季两项等 18 个单项比赛。

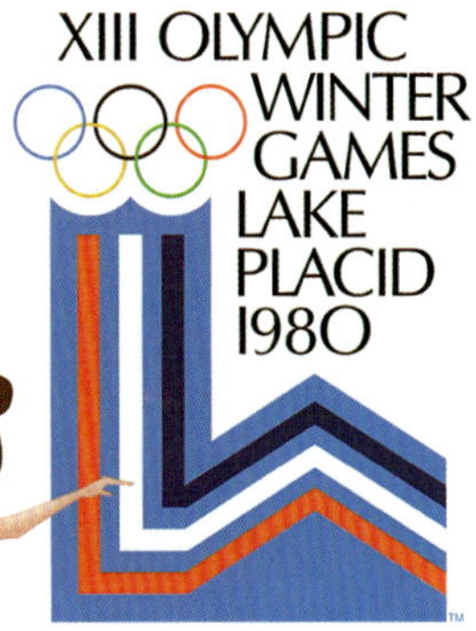

获得金牌最多的冬奥会

2010 年温哥华冬奥会，中国代表团勇夺 5 枚金牌、2 枚银牌、4 枚铜牌，在冬奥会奖牌榜名列第 7 位，其中短道速滑 4 枚金牌、花样滑冰 1 枚金牌，实现了中国参加冬奥会的重大历史性突破。

中国冬奥奖牌路

卡尔加里初露峥嵘

1988 年，在卡尔加里冬奥会上，李琰、李金艳和乔静 3 名中国运动员同时闯入女子短道速滑表演赛的 1000 米决赛，最终李琰夺冠。这是我国第 1 枚冬奥会表演赛金牌，历史意义非凡。组委会连夜赶制了以中文为主视觉的海报：神龙腾飞。此外，李琰还夺得了 500 米和 1500 米铜牌，并刷新了1000 米和1500 米的世界纪录。

这届冬奥会，吹响了中国短道速滑崛起的号角。

叶乔波带伤夺牌

1992 年，在法国阿尔贝维尔冬奥会上，中国军团在女子速滑、短道速滑项目上收获 3 枚银牌，首次跻身奖牌榜。其中，女子速滑选手叶乔波夺得500米和1000米两枚银牌。

由于常年高负荷训练，叶乔波带伤参加了第17届冬奥会，全力拼得了女子速滑1000米比赛铜牌。赛后，叶乔波只能坐着轮椅回国了。

杨扬首金盐湖城

2002年，在美国盐湖城冬奥会赛场上，中国冰雪健儿的奥运金牌梦想终于实现了。短道速滑名将杨扬一人连夺 500 米和 1000 米 2 枚金牌，为中国赢得了冬奥会首金，实现了中国参加冬奥会金牌的历史性突破。

从 1995 年世界短道速滑锦标赛摘取女子 3000 米接力金牌，到 2006 年都灵冬奥会，11 年征战国际赛场，杨扬共获得过 59 个世界冠军头衔，是获得世界冠军数量最多的中国运动员。

温哥华 4 金

2010 年，在温哥华冬奥会上，李琰带领中国短道速滑队创造了金牌历史，包揽了女子项目的 4 枚金牌，成为冬奥会历史上第 1 支完成这一壮举的团队。其中，王濛获得短道速滑女子 500 米和 1000 米金牌，周洋获得短道速滑女子 1500 米金牌，王濛、周洋、张会和孙琳琳获得短道速滑女子 3000 米接力金牌。

真是想想就让人激动啊！

中国花样滑冰首金

2010年，在温哥华冬奥会上，第 4 次征战冬奥会的申雪和赵宏博摘得中国花样滑冰双人滑在冬奥会历史上的第 1 枚金牌。

中国速度滑冰首金

在 2014 年索契冬奥会速度滑冰女子 1000 米决赛中，首次参加冬奥会的张虹，以 1 分 14 秒 4 的成绩，技压群芳，夺得了人们期盼的首枚速度滑冰金牌，这枚金牌来之不易。

雪上大突破

“空中陀螺”韩晓鹏

2006 年，在都灵冬奥会上，中国代表团共获得 2 金、4 银、5 铜。最大的惊喜是“黑马”韩晓鹏，他在男子自由式滑雪空中技巧的决赛中以微弱优势夺冠。这是中国选手冬奥会雪上项目的首金，也标志着中国男选手在冬奥会金牌上实现了“零的突破”。

“雪上公主”李妮娜

李妮娜，中国女子自由式滑雪空中技巧运动员，连续获得 2005 年、2007 年、2009 年 3 届自由式滑雪世锦赛冠军，是世锦赛自 1986 年创立以来，在空中技巧项目上唯一获得三连冠的运动员。

绝对实力武大靖

2018 年，在平昌冬奥会短道速滑项目男子 500 米决赛中，武大靖从出发开始便始终占据第 1 名，以绝对实力第 1 个冲过终点。最终，他以 39 秒 584 的成绩刷新了世界纪录，为中国队赢得平昌冬奥会的首枚金牌，这也是中国男子短道速滑选手的奥运首金！

如何获得冬奥会的主办权

1 第一步：符合条件

一个城市想申办冬奥会，首先它得有足够的经济实力。此外，政治稳定、社会安定当然也是必需的。申办城市（包括其所在国家）体育事业蓬勃发展，具有举办大型运动会的经验自然是加分项。如果申办地还具备举办奥运会的设施条件，那就再好不过了。

雪上项目需要的山形地貌等自然条件比较苛刻。例如，高山滑雪项目中的滑降需要落差在 800米以上、赛道长度达到 3000 米、适合修建不同滑雪项目场地的山体；至于冰上项目，则需要有足够数量的、能够改造成不同冰上比赛场地的体育馆。

再者就是温度问题：冬奥会比赛的冰上与雪上场馆对温度有不同要求。温暖的地方肯定是不合适的，但环境温度也不能太低，0 摄氏度左右最好。因为太冷的话，运动员会冻得身体僵硬，不但技术动作完成不好，还可能发生危险。

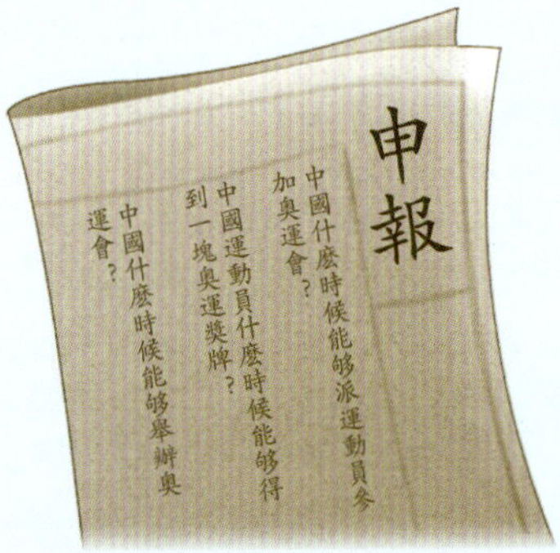

中国人执着的奥运之梦

中国人很早便对举办奥运会满怀憧憬了。1908 年，伦敦奥运会后，天津中华基督教青年会在其年度报告中提出了 3 个尖锐的有关奥运会的问题；1910 年，上海《申报》重提史上著名的“奥运三问”，它激励中国人开始了百年奥运之梦。

中华人民共和国成立后，通过几代人的艰苦奋斗，中国人终于可以逐一实现自己的中国梦了——奥运之梦自然也在其中。多年来，中国一直都在积极申办奥运会。

1992年，北京成为第 27 届奥运会候选城市，但在最后一轮投票中以 2 票之差惜败于悉尼。

2000 年，北京以绝对优势成为 2008 年夏奥会主办城市。

2002年，哈尔滨第 1 次申办 2010 年冬奥会未果；2009 年，哈尔滨与长春提出 2018 年冬奥会申办意向，中国奥委会未批准。

2010年，南京战胜其他申办城市，成为2014 年青年奥运会主办城市。

2013 年，北京携手张家口正式提出申办 2022 年冬奥会……

2 第二步：竞争

瞧，下面这些城市也都符合条件，它们也申办了2022年冬奥会！

斯德哥尔摩

瑞典首都，诺贝尔奖的故乡，斯堪的纳维亚半岛第一大城市。它是1912年奥运会主办城市。

克拉科夫

波兰第三大城市，欧洲三大文化中心之一。

利沃夫

乌克兰利沃夫州首府，被称为战火狮城，欧洲古都。

奥斯陆

欧洲冰雪强国挪威的首都，它开启了冰雪运动的先河，冰雪运动历史悠久，竞技实力极为突出。它是1952年第6届冬奥会的主办城市。

阿拉木图

哈萨克斯坦的首都和经济文化中心，中亚城市，曾经是苏联的冬季运动中心，具有深厚的冰雪运动传统。它曾举办过第7届亚洲冬季运动会和第28届世界大学生冬季运动会。

而在竞争申办的过程中，有4个城市“不战而逃”。

克拉科夫

2014年5月26日，由于在市民公投中支持率偏低，宣布退出。

斯德哥尔摩

2014年1月17日，因市议会投票反对提供财政支持，宣布退出。

奥斯陆

2014年10月1日，因为财政问题，被迫放弃申办。

利沃夫

2014年6月30日，考虑到国内政治局势不稳定，宣布退出。

为什么“携手申办”变成了“北京申办”

2013年，北京市与河北省张家口市正式提出了携手申办2022年冬奥会的申请。经国际奥委会讨论，提名北京为2022年冬奥会申办城市。按照国际规则，这次申办是以北京市的名义进行的，所以我们就改称“北京冬奥会”了。

3 第三步：最后的 PK

北京 VS 阿拉木图，多项重要指标北京胜出！

各项指标	北京	阿拉木图
场馆硬件	办过奥运会	未办过奥运会
接待能力	住宿设施全备，而且赛后可以利用	需要在6年内新建4300间酒店房间、9600件奥运村住宿设施，任务繁重，赛后利用堪忧
国际交通	有109条国际直达航线，年接待旅客8250万人次	仅有47条国际航线，年接待旅客430万人次
经济实力	生产总值22730亿元	生产总值2480亿元
冰雪运动成绩	冬奥会获得12枚金牌、22枚银牌、19枚铜牌，奖牌总数达53枚	冬奥会获得1枚铜牌

4 第四步：一锤定音

2015 年 7 月 31 日，国际奥委会主席巴赫在吉隆坡宣布，北京赢得了 2022 年第 24 届冬奥会主办权。巴赫主席说：“祝贺北京，北京将成为第 1 座既举办过夏奥会，又举办过冬奥会的城市，而且是在 14 年之间，这具有历史意义！”

这还不算完！战斗力爆表的陈述团和宣传片，强力助攻！

清华大学建筑学院的张利教授担任冬奥申办工程规划的现场介绍，他一口标准的伦敦音让英国籍的奥委会成员也不禁竖起了大拇指。

著名主持人杨澜是第 3 次参与北京申奥，负责用法语陈述，流畅的法语增加了奥委会中说法语的委员对北京的好感。

短道速滑名将杨扬、篮球明星姚明、“雪上公主”李妮娜 3 位运动员代表，以充满自信和幽默的方式向全世界的运动员发出了邀约。

最后陈述中播放了 4 部宣传片，即《紫气东来》《万事俱备》《江山代有才人出》《不虚此行》，分别从千年古城的魅力、3 个赛区的场馆规划、冰雪运动在中国的历史与发展现状，以及 2022 年冬奥会盛况预演等角度，展现中国已经做好准备。

北京冬奥会三大赛区

三大赛区分别是哪里

它们是北京赛区、延庆赛区和张家口赛区。整个北京冬奥会、冬残奥会计划使用 12 个竞赛场馆、3 个训练场馆和 28 个非竞赛场馆。场馆分布在 3 个赛区。冬残奥会将在冬奥会之后举行，由于规模较小，仅使用其中的部分场馆。

四通八达的冬奥交通

北京冬奥会的场馆那么多，还分散在 3 个赛区，会很不方便吗？

为了方便运动员和观众，北京冬奥会将提供由航空、高速铁路、高速公路、地方道路等组成的便捷交通服务，努力让交通时间变得最少。运动员从奥运村到赛场、训练场的时间，北京赛区在 15 分钟之内，延庆赛区在 10 分钟之内，张家口赛区在 5 分钟之内。北京赛区到张家口赛区距离最远，但也只需要 1 个小时。

张家口赛区

张家口赛区位于张家口市崇礼区。那里共有 4 个竞赛场馆，将进行 2 个大项（滑雪、冬季两项）、6 个分项、51 个小项的比赛。

场馆	项目	金牌数
国家跳台滑雪中心	跳台滑雪	5枚
国家越野滑雪中心	越野滑雪	12枚
国家跳台滑雪中心 国家越野滑雪中心	北欧两项	3枚
云顶滑雪公园	自由式滑雪（不含大跳台）	11枚
	单板滑雪（不含大跳台）	9枚
国家冬季两项中心	冬季两项	11枚

延庆赛区

延庆赛区位于北京西北部延庆区的小海坨山区。赛区共有 2 个竞赛场馆，将进行 3 个大项（滑雪、雪车、雪橇）、4 个分项、20 个小项的比赛。

场馆	项目	金牌数
国家高山滑雪中心	高山滑雪	11枚
国家雪车雪橇中心	雪车	4枚
	钢架雪车	2枚
	雪橇	4枚

北京赛区

北京赛区共有 6 个竞赛场馆，将进行 4 个大项（滑雪、滑冰、冰球和冰壶）、7 个分项、34 个小项的比赛。另外，北京冬奥会和北京冬残奥会的开闭幕式也在北京赛区举行。

场馆	项目	金牌数
首钢滑雪大跳台	自由式滑雪（大跳台）	2枚
	单板滑雪（大跳台）	2枚
首都体育馆	短道速滑	9枚
	花样滑冰	5枚
国家速滑馆	速度滑冰	14枚
国家体育馆	冰球（男子）	1枚
五棵松体育中心	冰球（女子）	1枚
国家游泳中心	冰壶	3枚

速度滑冰

还记得前面提过的吗？速度滑冰是从远古的交通方式演变而来的。人们为了在结冰的湖面、河面上行走，发明了“滑冰”这种办法。直到现在，在速度滑冰运动的故乡荷兰，还有一项著名的赛事——特登托赫特滑冰马拉松比赛，就是在冬季结冰的运河、湖面上的滑冰比赛。

知道多一些

关于速度滑冰，官方承认的最早的正式比赛是1863年在挪威奥斯陆举办的速度滑冰比赛；1889年，荷兰举办了第1场世界锦标赛，参赛国包括荷兰、俄罗斯、美国和英国。

冰刀的演变

骨制冰刀　将马骨磨成光滑的底面，骨的两端钻孔，用皮带绑在鞋上，依靠支杖在冰面上支撑滑行。这是人类最原始的冰上滑行用具。

早期的铁质冰刀　不再需要支撑用的支杖，只需要轻轻一蹬，就可以在冰面上滑行，而且滑行速度快了很多。

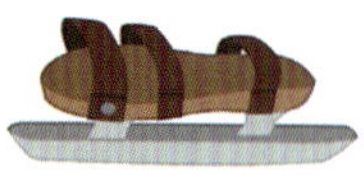

全金属冰刀　使得滑冰运动开始飞速发展，产生了以竞速为目的的速度滑冰比赛。

克莱普冰刀　由于鞋跟可以脱开，运动员可以完全伸展膝关节和踝关节，充分发挥身体的力量，冰刀在冰面滑行距离更长。

换道规则

速度滑冰有内道和外道两条赛道。运动员每滑行一圈都需要交换赛道。换道时，处在外道的选手拥有换道优先权，一旦发生冲撞，一般会判罚内道选手失去比赛资格。

冬奥会“黑科技”——“冰丝带”

国家速滑馆的屋顶很特别，是用粗大的钢索编织而成的，就像一只巨大的羽毛球拍“绷”在了场馆上面。外侧则由玻璃幕墙环绕成22条“丝带”，象征着2022年北京冬奥会以及运动员在冰面上滑行的痕迹。

国家速滑馆采用全冰面设计，冰面面积1.2万平方米，是目前亚洲最大的冰面。冰面厚度约为2.5厘米。场地冰面温度为-6~-10.5摄氏度，冰面温差可以控制在0.5摄氏度范围内。它还是标准的400米跑道滑冰场，设两条赛道，每条跑道宽4米。

热水浇冰

冰刀划过冰面会留下划痕。维护冰面时，扫冰车先把冰面刮平，再用50摄氏度的热水浇筑冰面，冰表层融化为水，水又结成冰，冰面就光滑平整了。

为什么冰刀可以在冰面上快速滑行

冰刀的刃很薄，与冰面的接触面积很小，因此冰刀在冰面上产生很大的压强，使冰刀接触的冰融化成了水。水减小了冰刀与冰之间的摩擦力，滑行者就能在冰面上快速前进了。

滑冰服

1974年，瑞士运动员弗朗茨·克里恩布尔第1个穿着连体式速度滑冰服参加比赛。之后，其他运动员纷纷效仿他。

触线规则

当运动员的冰刀尖通过终点线时比赛计时结束。但脱下冰鞋扔过终点线和摔过终点线，都是违规行为。

榜样的力量

中国第 1 位世界速度滑冰冠军——罗致焕

1963 年，第 57 届世界男子速度滑冰锦标赛在日本举行。这是世界速度滑冰锦标赛第 1 次在亚洲举办，对我国选手很有利。之前的比赛都在欧美国家举行，由于时差等原因，中国运动员的发挥都不好。不过，因为当时国际社会并不了解中国，中国代表团受到了很多不公正的待遇，遇到了很多困难。在爱国心的激励下，22 岁的罗致焕以 2 分 09 秒 2 的优异成绩创造了世界速度滑冰锦标赛 1500 米的新纪录，成为中国第 1 位世界速度滑冰冠军。

中国第 2 位“金冰刀”——王曼丽

在 2003 年世界速滑短距离锦标赛上，王曼丽获得亚军。在 2006 年都灵冬奥会上，王曼丽获得银牌。在役期间，王曼丽几乎囊括了所有世界大赛女子速滑 500 米金牌，并连续两年蝉联世界杯总决赛冠军，是中国速滑界“里程碑”式的人物。她是继叶乔波之后，中国第 2 位在速滑比赛中获得国际滑冰联盟颁发的“金冰刀”殊荣的选手。

天才型的速度滑冰选手——王北星

王北星多次代表国家征战于国际赛场，获得过冬奥会铜牌、世锦赛金牌和 13 次世界杯冠军，被誉为“天才型的速度滑冰选手”“冰场上的玉娇龙”。

短道速滑

北京冬奥会短道速滑比赛场地——首都体育馆

首都体育馆已经有 50 多年的历史，它既是一个综合性、多功能的体育馆，也是国内第 1 座人工室内冰场，承办过多次世界高水平冰上项目比赛。2022 年冬奥会短道速滑和花样滑冰的比赛将在这里举行。

首都体育馆内采用绿色环保的制冰技术，建设了一块 31 米 × 61 米的多功能转换标准冰场，实现了球场到冰场的快速转换。其制冰系统采用了当前非常先进的制冷技术，以非常环保的二氧化碳为制冷剂，制冰速度快，冰面温度均匀。

短道速滑的历史

短道速滑的全称是短跑道速度滑冰，是在长度较短的跑道上进行的一项冰上竞速运动。19 世纪 80 年代，短道速滑起源于加拿大，当时加拿大的一些速度滑冰爱好者常到室内冰球场上练习，随之产生了室内速度滑冰的比赛。20 世纪初，这项比赛逐渐在欧洲和美洲国家广泛开展。1988 年，在加拿大卡尔加里举办的第 15 届冬奥会上，短道速滑首次被设置为表演项目。1992 年，在阿尔贝维尔冬奥会上，短道速滑成为正式比赛项目。

短道速滑比赛以到达终点的先后顺序定胜负，赛制采用分组淘汰制。2022 年北京冬奥会短道速滑将产生 9 枚金牌。

短道速滑大揭秘

特殊设计的冰刀

冰刀刀尖位于拇趾与第二脚趾中间，刀跟位于脚跟的中间位置。

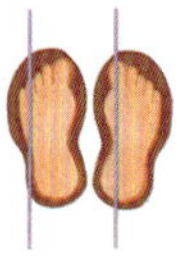

冰刀位于运动鞋左侧，左脚冰刀刀尖在小趾处，右脚冰刀刀尖在拇趾内侧。

注意事项

- 无论何时都允许超越。
- 任何运动员一旦被扣圈，必须移到外道。
- 故意用身体任何部位妨碍、推拉、撞击、阻挡其他运动员，都属于犯规。

场地两端的弯道上各有 7 个跑道标志块，作为标识线。运动员不得滑入标志块以内，否则视其为犯规。

装备要求更加严格

短道速滑和速度滑冰的速度都非常快，从安全角度考虑，运动员必须佩戴以下装备。

头盔 短道速滑运动员戴安全头盔；速度滑冰运动员戴连身帽。

手套 短道速滑运动员戴防冰刀切割、防水手套；速度滑冰运动员的连体服上带有食指套，防止袖子移动。

护腿、护膝和护颈 短道速滑运动员要佩戴护腿、护膝以及护颈；速度滑冰不做硬性要求。

史上最幸运的冬奥会冠军

来自澳大利亚的斯蒂文·布拉德贝里是个幸运儿。

2002 年，盐湖城冬奥会短道速滑男子 1000 米比赛，预赛中排名小组第三的布拉德贝里因为同组选手犯规，幸运地进入半决赛。半决赛中，有 3 名选手互相碰撞摔倒，他以小组第二名的身份进入决赛。决赛中，本来他一直处在末位，但是在最后一个弯道，领先的 4 名选手发生碰撞，摔成一团……就这样，他拿到了金牌。

接力赛规则

接力比赛中，一个队的全体队员应着装一致。采用接触的方式，在接力地点推送下一个队友出发就算完成了接力。

除最后两圈外，运动员可以在任何时候接替。如果运动员在最后两圈中摔倒，可以由其他队员接替。在交接过程中，不允许改变路线。

比赛场地更小

短道速滑比速度滑冰场地更小，短道速滑比赛场地为 30 米×60 米的椭圆形跑道，跑道周长为 111.12 米，直道宽不小于 7 米，弯道半径 8 米，直道长 28.85 米。

竞争点不同

速度滑冰是运动员和时间的比赛；短道速滑每场都是人和人之间的较量，有速度还要有对抗能力，是运动员之间速度和战术的较量。

赛道不同

速度滑冰每个选手都有自己的赛道，而短道速滑运动员都在同一条赛道上比赛，冲刺时要跟别人争抢赛道。短道速滑运动员之间身体接触多，超越与反超越、控制与反控制、互相干扰也很常见，所以短道速滑比速度滑冰竞争更为激烈。

一起来学滑冰吧

做好滑冰前的准备

1 重要的护具不能少

要戴上手套、头盔和护膝。身上不要带硬东西，以免摔倒时伤到自己。安全永远是第一位的！

2 挑选合适的服装及冰鞋

选择保暖、透气、柔软、舒适的上衣和裤子以及合适尺码的冰鞋。鞋带一定要系紧，牢牢固定住脚踝。

3 注意保暖

一定要注意保暖，冻伤了会很麻烦。如果不小心冻伤耳朵了，正确做法是迅速进入暖和的室内，等待冻伤部位慢慢缓解。

4 避免不必要的伤害

在滑行中尽量不要与同伴牵手，以免一起摔倒，造成伤害。如果同伴摔倒了，不要盲目地去拉，否则有可能连你也摔倒在地，给你和同伴带来更多的危险。

新手必读

1 重心的位置要正确

滑行时要俯下身体，弯曲腿部，重心向前。这样即使滑倒了，也会往前摔，不会摔到尾骨。万一重心不稳摔倒了，要尽量侧身用手撑着冰面，避免头部撞到冰面。

2 倒地别久留

摔倒后要立刻跪在冰面上，并慢慢起来，或者有同伴在身边保护自己。如果是自己独自去滑冰，摔倒时要注意观察周围人的动向，防止别人撞到自己。

3 冲撞有讲究

不要冲着人流逆向滑行，尽量与初学者保持距离。与他人发生冲撞时，重心要侧向倾斜，避免正向冲撞，注意保护好头部和胸部，也可以伸手缓冲撞击。

花样滑冰

花样滑冰的历史

你看过花样滑冰吗？是不是很美？

它是一项运动与艺术相结合的项目，融合了滑冰、舞蹈和音乐，非常赏心悦目。运动员通过冰刀在冰面上划出图形，同时还要表演跳跃、旋转等高难度动作。

花样滑冰大事记

18 世纪，花样滑冰诞生于英国。

1863 年，美国芭蕾舞表演艺术家海因斯在欧洲巡回表演中进行了花样滑冰展示，把舞蹈艺术加入了花样滑冰。

1868 年，美国人丹尼尔・梅伊和乔治・梅伊第 1 次表演了双人滑。

1872 年，首次花样滑冰比赛在奥地利举行。

1896 年，首届世界男子单人花样滑冰锦标赛在俄国彼得堡举行。

1906 年，首届世界女子单人花样滑冰锦标赛在瑞士达沃斯举行。

1924 年，在首届冬奥会上，花样滑冰被列为正式比赛项目。

1949 年起，冰上舞蹈被列为单独比赛项目。

2022 年，北京冬奥会的花样滑冰比赛将在首都体育馆举行，会产生男单、女单、双人、冰上舞蹈和团体赛共 5 枚金牌。

顽强拼搏的“冰蝴蝶”

在 2006 年都灵冬奥会双人滑自由滑比赛中，我国选手张丹和张昊向金牌发起冲击。他们一出场就是高难度动作抛四周跳，可惜张丹落地不稳，重重地摔倒在冰面后又撞上了护栏，致使左膝盖受伤。就当大家都以为她无法继续进行比赛时，他俩却重新上场，奇迹般地完成了后面的比赛，并获得了亚军。他们以坚强和韧性感动了世界，用行动诠释了体育精神、奥运精神。

美妙的冰上芭蕾

花样滑冰比赛标准场地要求长至少 52 米、宽至少 26 米，最常见的规格是长 60 米、宽 30 米。冰面厚度在 3~5 厘米，温度则是 -6~-5 摄氏度。冰面要求平整而且不反光。场地内的室温不超过 15 摄氏度。

女用鞋为白色。鞋身为优质牛皮。
高鞋腰：固定脚踝。
高鞋跟：让运动员身形显得更加优美。
冰刀：一体式冰刀，特殊钢材制成；刀刃比较宽，有利于滑行。
男用鞋是黑色的，造型与女用鞋一样。

螺旋线

女伴单足绕男伴滑行。除此之外，双人滑的主要技术动作还有抛跳、托举、双人旋转等。

滑冰服

花样滑冰的服装要求庄重典雅，禁止过分装饰，可以反映音乐的风格特点。男选手需要穿上衣和长裤，不可以穿露胸、无袖上衣和紧身裤。女选手穿连衣短裙，裙子前后长度要掩盖臀部。

贝尔曼旋转

这个动作对身体柔韧性的要求非常高，因此极少有男选手能够完成。

阿克塞尔四周跳

这个动作难度很高，很少有人挑战成功。选手向前起跳，在起跳阶段还要完成多半周的旋转，这也意味着阿克塞尔四周跳实际上是“四周半跳”。

女选手服装的变迁

你知道吗？花样滑冰选手的服装并不是一开始就像现在这样美丽的。20 世纪初，女选手穿的还是保暖长裙呢；到 20 世纪 30 年代，变成了便捷的短裙；再到 20 世纪 70 年代，才出现了性感的 V 领；21 世纪以后，就出现了简洁的设计加上精致的服装细节啦。

花样滑冰基本功

花样滑冰运动员须具备 3 个方面的基本功。

❄ 滑行基本功，包括各种步法、跳跃、旋转以及用刃技术等。

❄ 舞蹈基本功，包括滑行中的基本姿态、动作姿态、单人舞步、双人舞步配合、双人滑中的托举等。

❄ 音乐鉴赏表达的基本功，包括对音乐节奏感与内容的理解能力、通过技巧与音乐配合的艺术表现和抒发能力等。

冰上舞蹈与双人滑是一回事儿吗

不是。它们的主要区别在于：冰上舞蹈重在表演复杂多样的滑行步法，2 名选手要保持国标舞造型，步伐与音乐节奏一致；双人滑则突出技术动作难度，完成跳跃、旋转和托举。

什么是队列滑

队列滑算是花样滑冰的一个新兴项目，始创于 1956 年，最早出现在美国密歇根大学的冰球赛场，但那是作为比赛间隙的表演，它成为正式比赛项目的时间并不长。队列滑通常由 8~20 人组成的团队参赛，以整齐划一的步伐、手势，以及令人眼花缭乱的队形、方阵变换为主要特色，非常具有观赏性。目前，队列滑没有被列入冬奥会比赛项目。

内刃与外刃的区别

非一般的“刃”

虽然冰刀的名字里有“刀”，但冰刀并非像普通的刀那样只有一条刀刃，而是被中间的凹槽分为外刃和内刃。

冰球

你打过冰球吗？冰球也叫“冰上曲棍球”，运动员在冰球场内按规则通过滑行、运球、传球、射球、身体阻截等技术，相互配合，力争用冰球杆将球射入对方球门。因此，要打好冰球，运动员需要同时具备敏捷娴熟的滑冰技术和球杆控球技术。

在冰球比赛中，可以看到激烈的身体对抗、精湛的滑冰技术和绝妙的全队配合。所以，很多人喜欢看冰球比赛。冬奥会冰球金牌也被认为是冬奥会分量最重的金牌之一。

冰球大事记

- 现代冰球起源于 19 世纪中期的加拿大。
- 1877 年，蒙特利尔公布了关于冰球的 7 条规则。
- 1910 年，作为欧洲冰球的“先驱”，英国取得了第 1 届欧洲冰球锦标赛的冠军。
- 1920 年，男子冰球首次出现在比利时安特卫普奥运会的赛场上。后来，该届奥运会冰球赛被追认为首届世界冰球锦标赛。
- 1924 年，冰球被列为第 1 届冬奥会比赛项目。

比赛场地

通常，冰球场地长 60 米、宽 30 米，北京冬奥会冰球场地改为长 58 米、宽 26 米，四角为圆弧形。从安全角度考虑，场地四周围着牢固的界墙，界墙的顶部还会安置防护玻璃。每支球队的参赛人数为 20 人，比赛时双方各上场 6 名运动员，分别是 3 名前锋、2 名后卫、1 名守门员。

场馆黑科技

谁说打篮球的场地不能打冰球？五棵松体育中心就兼具篮球场与冰球场的功能，6 小时就可以实现“篮冰”场地转换，这是目前世界“篮冰”场地转换的最快纪录。国家体育馆也是 2008 年北京奥运会比赛场馆，短时间可以完成冰上项目和夏季项目转换。

装备及器材

打冰球，我们需要准备冰球、冰球杆、冰球服、冰鞋和护具。其中，护具又包括头盔、护颈、护胸、护肘、护膝、手套等。除手套、头盔和护膝外，其他护具都穿在冰球服里。

如何选择合适的冰球杆

冰球杆是冰球运动必备的装备之一，选择时要考虑左手推杆还是右手推杆习惯以及杆的长度、硬度、拍头倾角和材料等因素。

球杆长度要和身高相匹配：将拍头末端放在地面上，球杆末端大致在鼻子的位置，穿上冰鞋时，球杆末端大概在下巴的位置。初学者建议选稍长一点的球杆。

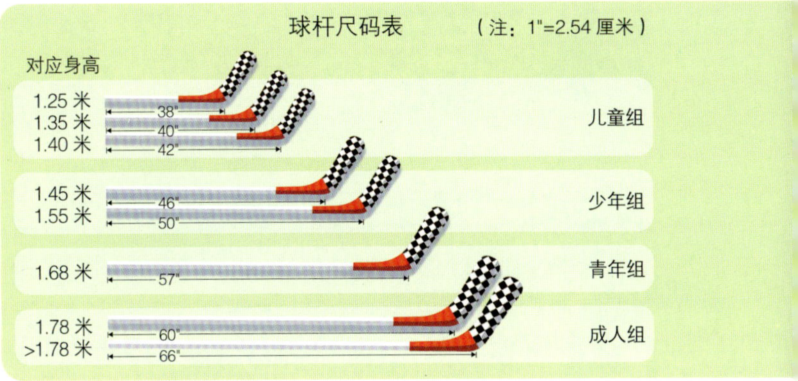

对了，观众可以带走飞上看台的冰球。不过，被冰球击中是一件比较危险的事，看球时要注意安全哟。

知道多一些

防守队员可以用肩、胸、臀部对控球队员进行符合规定的冲撞。北美职业冰球联赛上打架盛行，但是在倡导业余原则、禁止过度商业化的奥运会上，打架是严格禁止的。运动员犯规要受到离场 2 分钟、5 分钟、10 分钟，甚至更重的处罚。

北京冬奥会比赛设置

北京冬奥会冰球比赛设置男、女两个小项。国家体育馆将承办男子冰球项目的大部分比赛、女子冰球决赛及冬残奥会冰橇冰球项目比赛。女子冰球比赛会在五棵松体育中心举行。

冰球守门员除非状态不佳，或者受伤，或因违规需要临时替换，一般是不会被换下场的。

冰球比赛争夺激烈，非常消耗体力，所以比赛中可随时换人。

冰壶

有趣的“冰上国际象棋”

冰壶又称掷冰壶、冰上溜石，是一项在冰上进行的投掷性竞赛项目。在比赛过程中，对阵双方要认真布局本方冰壶，来完成冰面上的博弈。所以，冰壶又称“冰上国际象棋”。

16 世纪初，苏格兰就已经有了冰壶。1807 年，冰壶传入加拿大。从此，冰壶在欧洲和北美洲逐渐流行起来。1924 年，冰壶作为表演项目登上了第 1 届冬奥会的舞台。在 1998 年日本长野冬奥会上，冰壶成为正式比赛项目。2022 年北京冬奥会冰壶项目设置男子、女子、混合双人项目，将产生 3 枚金牌。

为什么说冰壶是“吵闹的游戏”

因为在比赛过程中，运动员要进行战术合作，需要通过高声叫喊来交流。不仅如此，同一赛场中，经常有多支队伍同时比赛，叫喊声此起彼伏。用呐喊声激励斗志、鼓舞士气，赛场显得声音洪大，所以说冰壶是“吵闹的游戏”。

为什么要用冰壶刷“擦地”

冰壶比赛中的“擦地”，其实指的是擦冰或是刷冰。别小看了这种动作，它可是冰壶运动中的重要一环。这是因为，冰壶比赛的冰面上覆盖着很多细小的冰粒，适当的擦刷能改变冰的表面温度，减小冰壶与冰面的摩擦力，使冰壶滑得更远。同时，也可以利用擦刷使冰壶改变前进方向，达到弧线的效果。

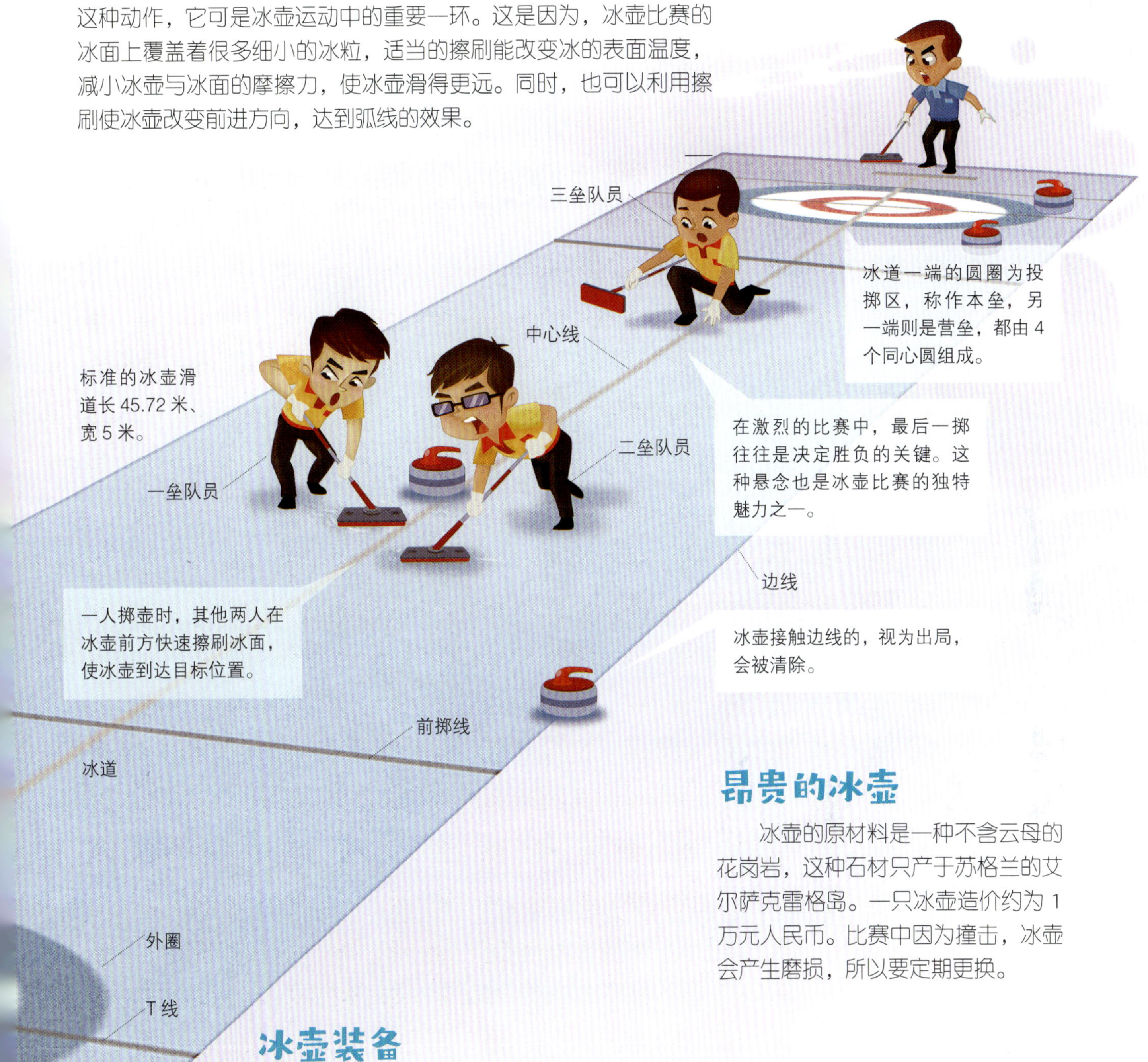

昂贵的冰壶

冰壶的原材料是一种不含云母的花岗岩，这种石材只产于苏格兰的艾尔萨克雷格岛。一只冰壶造价约为 1 万元人民币。比赛中因为撞击，冰壶会产生磨损，所以要定期更换。

冰壶装备

冰壶：由花岗岩制成，重量为 17~20 千克。一场比赛需要 16 只冰壶。大赛用壶的壶把上装有传感器，这是“前掷线上的眼睛”，专门用来探测投壶者是否犯规。投壶者必须在前掷线前松手，否则视为犯规。

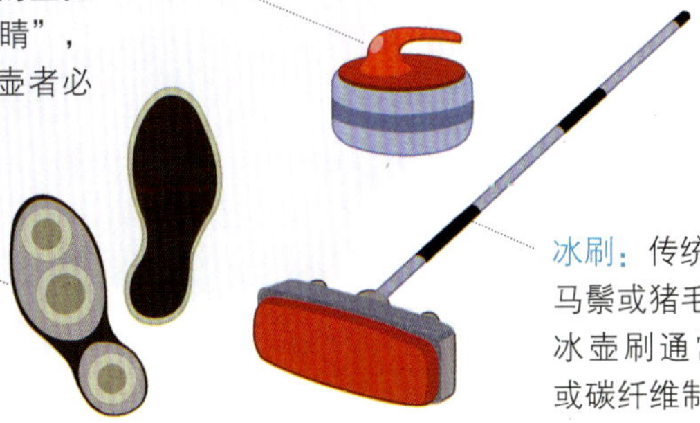

冰壶鞋：一只滑行鞋，一只蹬冰鞋。两只鞋的作用不同，鞋底质地也不同。滑行鞋的鞋底是由专业塑料制成的滑面，穿在用于支撑的脚上；而蹬冰鞋的鞋底是用橡胶制成的防滑面，穿在蹬冰的脚上。

冰刷：传统的冰刷一般用马鬃或猪毛制成，现代的冰壶刷通常由玻璃纤维或碳纤维制成。

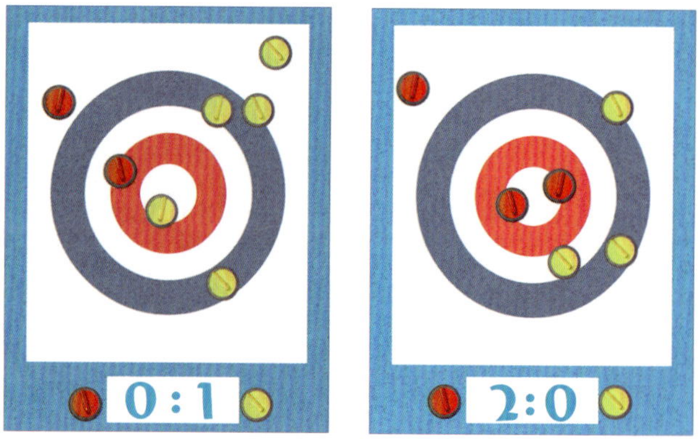

冰壶比赛如何计分

每场比赛进行 10 局,每局以两队的冰壶距离大本营圆心的远近评定胜负。每壶 1 分,积分多的队获胜。

"冰立方"冰上运动中心位于国家游泳中心,该中心拥有一个 1830 平方米的标准冰球场和 4 条标准冰壶赛道。在"水冰"转换系统支持下,国家游泳中心可在春、夏、秋三季实现游泳功能,冬季实现冰上运动功能,是目前唯一的同时具有冰上和水上运动服务能力的"双奥"场馆。

中国的冰壶女神——王冰玉

王冰玉曾担任我国冰壶队女队队长。2009 年,在女子冰壶世锦赛上,王冰玉带领中国女子冰壶队在决赛中战胜经验老到的瑞典队,夺得冠军,实现了中国在冰壶项目上的重大突破。后来,她们还在 2010 年温哥华冬奥会上获得第 3 名,在 2014 年索契冬奥会上获得第 7 名,在 2018 年平昌冬奥会上获得第 5 名。王冰玉出身于一个冰上运动世家。中学时王冰玉就喜欢上了这个项目。王冰玉说:"我妈妈原本打算就叫我王玉,因为我爸是冰球教练,所以又在中间加了个'冰'字,现在看来,这个名字真是太适合我了。"

自由式滑雪大跳台

2003 年以来，自由式滑雪大跳台项目一直活跃在世界锦标赛和世界极限运动会上，因为其对运动员的创造力和表现力有很高的要求，所以深受年轻人的喜爱。2018 年，这一项目首次在平昌冬奥会的舞台上亮相。2022 年，在北京冬奥会上，自由式滑雪大跳台将正式成为冬奥会的竞赛项目。

比赛中，选手从几十米高的滑道上滑下，通过高 2 米、宽 5 米的跳台起跳，靠惯性飞向天空，并在空中完成空翻、回转等技术动作，成败往往就在一瞬间，具有极强的视觉冲击性。自由式滑雪大跳台比赛共有 3 次跳跃，以较好的 2 次跳跃计分。

绿色奥运之老工业园区大变身

首钢滑雪大跳台位于首钢老工业园区北区，是全球第 1 座永久跳台，也是冬奥历史上第 1 座与工业遗产再利用直接结合的竞赛场馆。

北京冬奥会结束后，这里可承办国内外大跳台项目比赛，成为专业训练场地、青少年后备人才选拔基地、赛事管理人员训练基地等。同时，这里将成为向公众开放的北京冬奥会标志性景点和大众休闲健身的体育主题公园。

首钢滑雪大跳台

首钢滑雪大跳台将举行男子、女子单板及双板滑雪大跳台项目的比赛。

大跳台由赛道、跳台、裁判塔和看台区域几部分组成，赛道长164 米，最宽处 34 米，最高点 60 米。造型设计的灵感来自跳台竞赛的剖面曲线与敦煌“飞天”飘带形象。

高山滑雪

速度与技巧的完美结合

高山滑雪起源于中欧的阿尔卑斯山周边国家，因此也被人们称为“阿尔卑斯滑雪”或“山地滑雪”。

高山滑雪是一项竞速类型与技术类型相结合的比赛，高山滑降运动员会以超过 110 千米 / 小时的速度从雪道上疾驰而下，同时还要穿过赛道上的每一个旗门。如果运动员漏掉旗门，就会被取消成绩。可见，高山滑雪需要将速度与技巧完美地融合在一起。运动员在高速滑行的过程中左右盘旋、回转速降，极具观赏性。

知道多一些

滑降和超级大回转的线路比较简单、直接，侧重速度。其中，滑降是所有项目当中线路最长、滑行速度最快的项目；回转和大回转旗门设置更复杂，更强调技巧。

独特的高山赛道

高山滑雪当然离不开高山。北京冬奥会高山滑雪项目的比赛场地就是北京延庆赛区的国家高山滑雪中心。高山滑雪比赛场地一共有 7 条雪道，雪道总长度 21 千米，雪道的高度差超过 800 米。这里还为观众设置了 5000 个坐席和 3000 个站席。

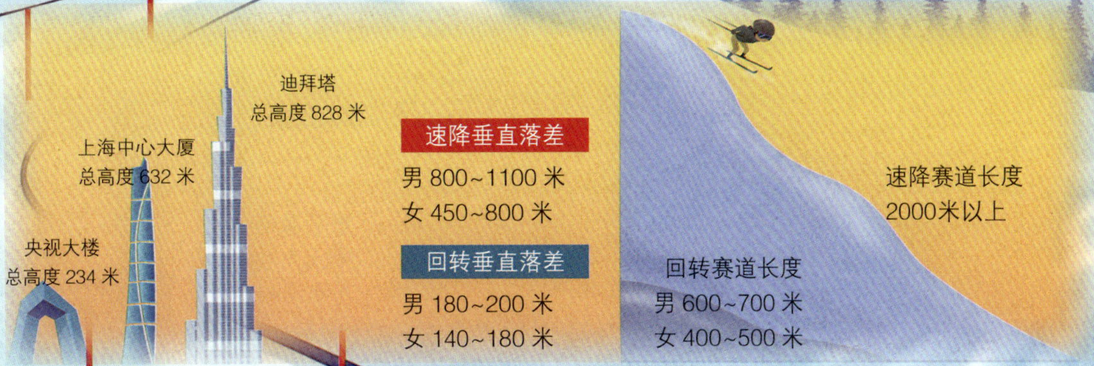

高山滑雪的发展

在北京冬奥会上，高山滑雪比赛设 11 个小项，分别是男子、女子滑降、超级大回转、大回转、回转、全能以及混合项目团体赛等。不过，这么多项目可不是同时加入冬奥会大家庭的。

1868 年，挪威滑雪运动奠基人诺德海姆等人在奥斯陆滑雪大会上表演了侧滑和“S”形快速滑降技术。

1936 年，在加米施 - 帕滕基兴冬奥会上，高山滑雪首次被列为比赛项目，当时只有全能一个项目。

1948 年，在圣莫里茨冬奥会上加入了滑降和回转两个小项。

1952 年，在奥斯陆冬奥会上加入了大回转。

1988 年，在卡尔加里冬奥会上加入了超级大回转。

2018 年，在平昌冬奥会上加入了团体比赛。

征服高山的勇士们

马蒂亚斯·茨达斯基是高山滑雪技术的奠基人，他通过改进回转技术、缩短滑雪板长度、发明更紧的滑雪板固定器、使用单杖滑行等变革，实现了山地间滑行。在比赛中使用旗门的办法也是他发明的。他很有创新能力，对不对？

1922 年，阿诺德·伦恩爵士在瑞士穆伦组织了世界上第 1 场回转比赛。在他的积极推动下，1930 年，国际滑雪联合会通过决议将回转和滑降列为比赛项目。他还积极推动女性参与高山滑雪运动。

用速度征服高山的防护装备

护目镜：帮助运动员在寒冷且高速的情况下看清前方的线路。

手套：着重保护手背，因为运动员会用手背撞旗门。有的雪杖上也会有护手，用来保护手背。

雪鞋：外层是硬质塑料，上面带有金属扣，内层是保暖、透气的海绵垫，这样的设计既保暖又能避免脚踝受伤。

头盔：1959 年，高山滑雪锦标赛中发生死亡事故后，国际滑雪联合会规定运动员必须佩戴头盔。

护甲：保护脊椎在撞击时不受到严重的伤害。

竞速雪服：紧身样式，以减少空气阻力，获得更快的速度。

雪杖：一般会有弯曲，以便更贴近运动员的身体，也保证加速时把雪杖夹在腋下更方便。

固定器：雪鞋和雪板之间使用固定器连接。固定器能够在受压情况下释放雪板，这样运动员摔倒时，雪鞋会和雪板分离，防止雪板让运动员受伤。

滑雪板：两头略宽、中间窄，两头微微翘起，这样的滑雪板更方便运动员做出回转的动作。另外，雪板边缘被打磨得很锋利，以便更深地切进雪里。

雪橇、钢架雪车和雪车

雪橇、钢架雪车和雪车都是滑行项目，这 3 个项目有很多相似之处。例如，使用相同的赛道；运动员的穿着比较相似；都是竞速类项目，速度都很快，最高时速超过 130 千米；都有一定的危险性，一不小心会“翻车”。

不同的比赛，同一条赛道

北京冬奥会期间，位于延庆的国家雪车雪橇中心将承担这 3 个项目的全部比赛。3 个项目共用一条赛道，雪车与钢架雪车共用同一起点，雪橇起点距离较远。赛道全长近1900 米，落差 127 米，有 16 个弯道。这条赛道是世界上第 17 条、亚洲第 3 条、国内首条雪车、雪橇赛道。

知道多一些

因为世界上的每一条赛道形状都不一样，所以雪橇、钢架雪车、雪车只有赛道纪录，没有世界纪录。

惊险刺激的钢架雪车

钢架雪车又称无舵雪车、俯式冰橇，运动员头朝前俯卧滑行。它的雏形是北美印第安人冬天搬运货物的长雪橇。

1892 年，英国人蔡尔德使用了一架以金属材料为主的雪橇，这种雪橇被正式命名为钢架雪车。其与雪橇同在 1964 年的第 9 届冬奥会上被列为正式比赛项目。北京冬奥会设男子、女子钢架雪车各 1 个单项，将产生 2 枚金牌。

雪车

雪车又称有舵雪橇，起源于瑞士。雪车一开始是用 2 个雪橇连在一起，再加上金属罩制成的。

1924 年，男子四人项目进入第 1 届冬奥会，后来男子双人项目、女子双人项目陆续加入。北京冬奥会又加入女子单人项目，将产生 4 枚金牌。

这 4 位瑞士运动员是第 1 届夏蒙尼冬奥会有舵雪橇男子四人座金牌得主。

雪橇

雪橇也称无舵雪橇，起源于瑞士。1883 年，瑞士建造了第 1 条国际赛道。1955 年，第 1 届雪橇运动世界锦标赛在挪威举办。从 1964 年因斯布鲁克冬奥会开始，雪橇成为奥运会比赛项目。北京冬奥会设男子、女子单人雪橇，男子双人雪橇和接力 4 个项目，将产生 4 枚金牌。

躺着滑的雪橇

雪橇比赛有单人和双人比赛。单座雪橇重量为21~25千克，双座雪橇重量为25~30千克。每个雪橇都是按照运动员的身高、体重以及身材比例量身打造的。

雪橇橇刃和钢体部分在使用前，都要根据当时的气温、冰温和运动员技术水平进行打磨，调整出合适的角度。

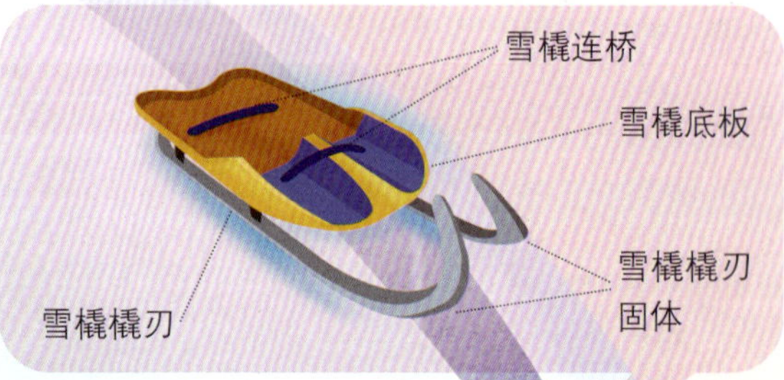

出发

运动员坐姿进入预备状态，双手握住出发把手，弯曲身体，尽量往后靠，再用力向前推，获得出发时的初速度，然后双手抓地加速，达到最佳速度后，运动员仰卧在雪橇上，脚在前、头在后。出发25秒之后，能达到每小时80千米的速度。

头盔：雪橇运动员头盔的面罩和下巴部分完全是透明的，这样方便运动员看清前方的路线。

特殊的手套：雪橇运动员的手套材质细腻柔软，指尖部分有具有防滑功能的小钉，帮助他们在出发时向前滑动。

鞋：雪橇运动员的比赛用鞋很轻，大约只有110克，鞋身表面光滑，鞋底采用防滑的橡胶材质。鞋面上有特殊拉链，帮助运动员把脚面向前伸直，降低阻力。

滑行

雪橇无舵，运动员通过腿或者身体力量作用于橇体不同位置，来掌握平衡，控制滑行方向。橇体最前方有一对弯弓与橇刃相连，运动员也可通过对弯弓施加压力来改变雪橇前进的方向。

运动员需要将头部尽量放低，将阻力降到最小，但也要保持一定的高度，以便观察赛道。

刹车

雪橇没有刹车，运动员滑过终点线后，在缓冲区停下来。

趴着滑的钢架雪车

钢架雪车和雪橇看上去很像，最主要的区别就是钢架雪车运动员是趴在橇上，头朝前俯卧滑行的。钢架雪车比赛为单人赛，与雪车共用一个起点。

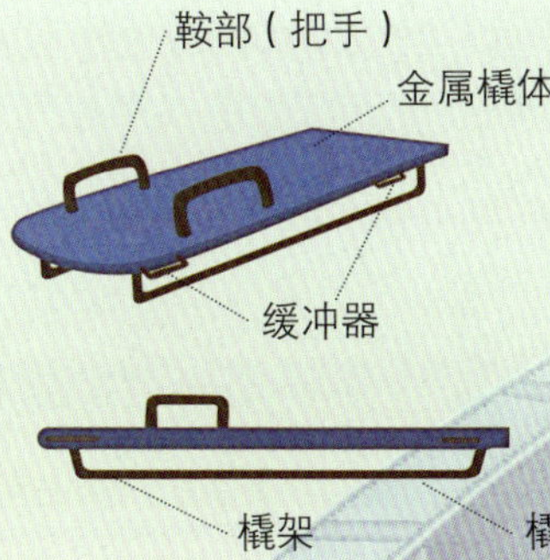

钢架雪车最初是金属材质的，现在多为玻璃纤维和金属合成品。两轮比赛必须使用同一辆钢架雪车，如果在比赛中钢架雪车损毁，可以借用钢架雪车进行比赛。

出发

出发时，运动员将钢架雪车一侧钢刃放置于冰槽沟内，单手扶车，助跑加速之后，迅速跳上车，这些动作要在30秒内完成。

滑行

运动员以俯卧姿态滑行，在高速行驶过程中，头部偏转、脚点地等轻微的身体动作都可以改变方向。运动员在高速滑行过程中运用身体掌握平衡。由于没有转向器和制动装置，所以允许运动员中途掉落钢架雪车，但在通过终点时运动员必须在钢架雪车上。

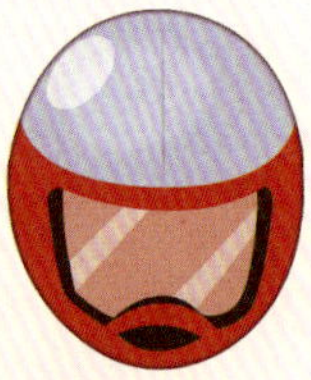

头盔：因为速度太快，运动员面部又靠近地面，所以钢架雪车运动员所佩戴的头盔有一整个面罩保护着面部和下巴。

专用钉鞋：钢架雪车运动员的鞋底有小钉，保证出发时鞋与冰面充分接触。

手套：材质细腻柔软，保护钢架雪车运动员的双手，防止受伤。

刹车

和雪橇一样，钢架雪车也没有制动装置，运动员滑过终点线后，在缓冲区停下来。

坐着滑的雪车

雪车就像一部敞篷汽车，不仅有底盘，还有方向盘、“车篷”和制动装置。与雪橇、钢架雪车相比，它是最豪华的。最初的雪车是木制的，很快升级为钢制雪车。时至今日，运动员使用的是由玻璃纤维和钢铁制成的高科技雪车。雪车最高时速可达 160 千米，与雪橇、钢架雪车相比，雪车是滑行运动中速度最快的。

出发

出发前，雪车的橇刃进入槽沟，确保车体不会侧向打滑。为了使雪车获得初始速度，运动员们要在出发区奔跑推车起速，推行距离约为 50 米。之后，运动员按照舵手和刹车手的顺序依次跳入车体。

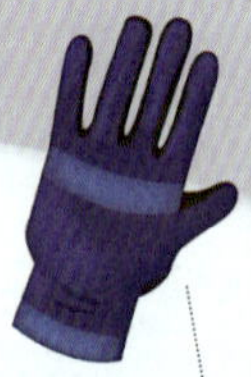

手套：雪车运动员的手套很轻薄，主要功能是防滑，同时也避免气温过低时手抓不住把手或者发生粘连。

头盔：雪车运动员佩戴的头盔看上去很像摩托车头盔。

牙套：雪车运动员要戴牙套，主要是防止发生翻车或者撞击后造成脑震荡。

鞋：雪车运动员使用专用钉靴，靴钉为刷型并均匀分布于靴底。

护肩、护肘：为了人身安全，雪车运动员需要佩戴护肩、护肘。

知道多一些

雪车的入门训练之一竟然是吃，吃，吃？这种说法也对也不对。雪车项目要求运动员有较大的体重，同时要兼备很好的速度和爆发力，对运动员的身体素质要求较高。所以，入队时，运动员不仅要进行大量的体能训练，以及速度、力量、协调能力和爆发力方面的训练，还要进行一项特殊的“训练”——吃饭。不过，这是为了增长体重进行的科学饮食，可不是毫无章法的大吃大喝啊。

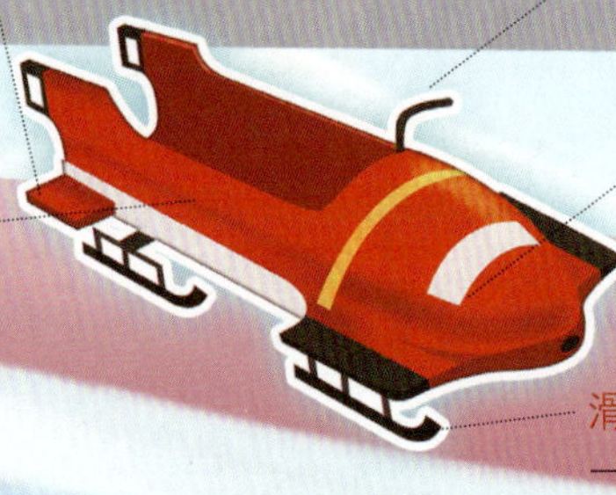

知道多一些

雪橇、钢架雪车和雪车项目在比赛开始前，都要对运动员使用的橇体进行温度测量，原因是防止运动员对橇刃进行加热。如果运动员对橇刃进行加热，其橇体在冰面上的摩擦力就会大大减小，进而提高比赛成绩，严重损害比赛的公平性。

滑行

运动员呈坐姿滑行，互相配合，各有分工。舵手掌舵，选择合适的滑行路线；刹车手要牢记行驶过程中的每一个弯道，为刹车做好准备。

刹车

刹车手坐在最后的位置上，雪车经过终点后，刹车手迅速拉住刹车使雪车安全停下。

4 个胖子夺得冠军

最初，雪车比赛对运动员体重是没有限制的。1952 年，在奥斯陆冬奥会上，德国将 4 名最胖的运动员（体重相加超过了 450 千克）组成一支雪车队。最终，他们在高体重的帮助下获得了金牌。这种“超重”组合也引发了人们对于限重的关注。后来，比赛规则对体重提出了明确的要求，雪车比赛也更加公正了。

危险系数最高的项目之一——雪橇

高速滑行不同弯道给比赛增加了风险。在温哥华冬奥会和索契冬奥会上，与雪橇有关的赛事都发生了重大事故。后来，为提升雪道的安全性，人们对雪道做出改进，一方面在陡坡上添加弯道以达到降速的目的，另一方面在雪道两侧加护墙实现防护目标。

他们是传奇

雪橇战神——格奥尔格·哈克尔

格奥尔格·哈克尔出生于 1966 年，是德国著名雪橇运动员。他共参加过 6 届冬奥会，获得了 3 金、2 银共 5 枚雪橇奖牌，是唯一一个连续在 5 届奥运会单人雪橇比赛中都夺得奖牌的雪橇运动员。此外，他在雪橇世界锦标赛上获得过 10 金、10 银、2 铜共 22 枚奖牌；他还在世界杯赛上获得过 33 枚金牌和 2 次总冠军。2012 年，哈克尔入主国际无舵雪橇联合会名人堂。

“冷血冠军”——阿尔明·佐格勒

1974 年，阿尔明·佐格勒出生在意大利，他 7 岁开始就在家乡的雪坡上玩雪橇。从 1994 年的利勒哈默尔冬奥会，到 2014 年的索契冬奥会，20 年的奥运生涯，6 届冬奥会，佐格勒几乎一直保持着竞技水平的巅峰。他一共赢得了 6 枚奖牌，包括 2 枚金牌，成为冬奥会历史上第 1 位连续 6 届在同一项目中获得奖牌的运动员。此外，他还赢得了 5 次世界锦标赛冠军和 6 次世界杯冠军。

20 年来，佐格勒几乎每天要花 5 个小时进行雪橇滑行。“冷血冠军”是其他运动员送给佐格勒的绰号，因为他在准备比赛时永远是那么冷静、理性、一丝不苟。

中国钢架雪车第一人——耿文强

1995 年出生的耿文强原本是一名专业跳远选手。2011 年，耿文强被国家钢架雪车队选入。

2018 年，在平昌冬奥会钢架雪车项目上，耿文强总成绩排名第 13 位，写下了中国冬奥历史上一个值得铭记的数字。作为第 1 位登上钢架雪车奥运舞台的中国队选手，他为中国钢架雪车项目开启了新的篇章。

2020 年，在国际雪车联合会钢架雪车世界杯法国拉普拉涅站中，耿文强发挥出色，获得男子并列第 3 名，成为首个代表中国钢架雪车队站上世界杯颁奖台的选手。

越野滑雪

越野滑雪是传统的雪上运动项目，是一种借助滑雪用具，运用上山、滑降、转弯、滑行等基本技术，滑行于山丘雪原的运动项目。它的主要特点在于长时间滑行，因此，越野滑雪也被人们称为“雪上马拉松”。作为世界运动史上最古老的运动项目之一，1924 年，越野滑雪被列入首届冬奥会比赛项目。

立下大功的越野滑雪

据记载，越野滑雪曾在挪威历史上发挥过重要作用。1226 年，挪威内战期间，两名“桦木腿派”的士兵（内战的两派分别为“牧杖派”和“桦木腿派”）为了保护当时只有 2 岁的国王哈康四世，情急之下怀揣国王，以滑雪的方式在雪地上翻山越岭，最终摆脱了敌人的追捕。

后来，挪威每年都举行约 56 千米的马拉松越野滑雪赛，这个滑行距离与当年那两名士兵所滑行的路程相同，以此来纪念这一历史事件。

另外一个起源地

虽说越野滑雪起源于北欧，也叫北欧滑雪，但北欧不是越野滑雪的唯一起源地。我国新疆的阿勒泰地区也是世界滑雪的起源地之一，在这里人们发现了一万多年前古人类使用的滑雪板。

让我们一起换上古老的毛皮滑雪板，体验古老滑雪的乐趣吧！

国家越野滑雪中心

2022年，北京冬奥会越野滑雪项目比赛将在张家口赛区的国家越野滑雪中心举行。冬奥会赛后，这里计划打造成山地公园和户外滑雪娱乐中心。是不是很期待？

挑选一款合适的滑雪板

自由式雪板

自由式雪板比较短，板尖较小；板底光滑，形成一个较大的涂蜡层，以减小摩擦力；雪板长度一般应大于使用者身高15~20厘米；雪板的张力（硬度）应与使用者的体重相适应。雪板上一般都标注了适合的理想体重。

传统式雪板

传统式雪板稍长，有明显的弓形弧线，分滑行部分和蹬动部分，中间的蹬动部分打的是防滑蜡；雪板长度一般应大于使用者身高30厘米；雪板的张力应与使用者的体重相适应。

雪槽

在传统式越野滑雪比赛中，雪道中会提前压好两道平行的雪槽，选手在比赛时雪板必须放在雪槽中。在超越前面运动员的时候，可以跳出雪槽改道滑行，下坡和平地是超越对手的最佳时机。后面的运动员想要超越的时候，可以踩前面运动员的雪板提醒他，而前面的运动员收到提醒后必须让出雪道，否则算是犯规。

传统式技术
VS
自由式技术

传统式技术

不允许有双脚或单脚的蹬冰动作，雪板必须放在比赛的雪槽中。

技术主要包括双杖推撑滑行、交替滑行、无滑行阶段的“八”字踏步、转弯以及滑降。滑雪板保持与滑行方向平行，运动员利用双腿的前后摆动和雪杖撑动前进。

自由式技术

对蹬动的动作不做限制，雪板也不受雪槽限制，运动员在无脱滑情况的前提下可自由滑行。

技术动作为蹬冰步、“八”字登山，双脚呈外“八”字，类似于滑冰的姿势。

“巧”用冲刺摔——王春丽

2007年2月，在第6届亚冬会越野滑雪女子短距离比赛中，中国运动员王春丽和哈萨克斯坦运动员克洛明娜几乎同时摔过了终点线。最终依据照片判定，王春丽获得金牌。赛后，王春丽表示摔倒式的冲刺是一种常用技术，她平时也是这么训练的。

跳台滑雪

跳台滑雪起源于挪威。1860年，挪威德拉门地区的两位农民在奥斯陆举行的首届全国滑雪比赛上表演了飞跃动作。后来，跳台滑雪逐渐成为独立项目并得到广泛开展。

19 世纪末，跳台滑雪先后传入瑞典、瑞士、美国、法国、意大利和波兰等地。1924 年，跳台滑雪被列入首届冬奥会比赛项目。

北京冬奥会跳台滑雪比赛将产生 5 枚金牌，其中混合团体项目是首次加入的项目。

助滑

雪如意——国家跳台滑雪中心

这是我国首个符合国际顶级比赛标准的跳台滑雪场地，也是冬奥会张家口赛区工程量最大、技术难度最大的场地。其主体建筑灵感来自跳台剖面曲线与中国传统饰物“如意”的契合，故名“雪如意”。

标准跳台

一起看懂跳台滑雪

❄运动员不使用雪杖，不借助任何外力，以自身体重从起滑台起滑，经过助滑道，借助速度和弹跳力飞起，沿自然抛物线在空中滑翔 4~5 秒，在着陆坡着陆后继续自然滑行到停止区。

❄跳台滑雪的技术动作包括助滑、起跳、空中飞行和着陆 4 个部分。跳台滑雪主要以飞行距离、姿势（空中姿态、落地稳定性）两部分的得分来决定名次。

❄跳台滑雪比赛只有最好成绩，而没有世界纪录。这是因为每个跳台场地都不同，加上气温、风向、风力及雪质等自然条件的差异，使得每次比赛都是独一无二的。

知道多一些

很长时间以来，跳台滑雪项目一直是男人的“专利”，直到2014年索契冬奥会，才设立了女子跳台滑雪的比赛项目。

标准跳台与大跳台

初期的跳台滑雪是利用山坡等自然地形进行的，19世纪80年代开始出现土木结构的跳台。随着空中滑翔技术水平的提高，新的跳台设计也不断出现，跳台长度逐渐延伸。

现在的跳台场地由助滑坡、着陆坡、停止区组成，主要有两种跳台——标准跳台和大跳台。从出发台到起跳点，标准跳台为K95米，而大跳台为K125米。

北欧两项

只有男子项目

北欧两项也称北欧全能，是由越野滑雪和跳台滑雪组成的混合雪上竞技项目，是冬奥会上难度最大的比赛项目之一，也被人们称为“选拔最优秀的雪上运动者”项目。它要求运动员既要有快速越野滑行的能力，又要具备精确的身体姿态控制能力和突出的跳跃飞行能力。

1924 年，法国夏蒙尼冬奥会把北欧两项列入正式比赛项目。北欧两项比赛共用跳台滑雪项目的跳台场地和越野滑雪项目的部分场地。

目前，北欧两项是冬奥会上唯一 1 个只设男子比赛的项目。北京冬奥会北欧两项的比赛包括 2 个个人项目和 1 个团体项目，一共将产生 3 枚金牌。

北欧两项包括哪些项目的比赛

在标准台男子个人赛中，运动员需进行 K95 米高的跳台滑雪和 10 千米的越野滑雪。

大跳台男子个人赛的形式类似标准台个人赛，只是运动员要进行 K125 米高的跳台滑雪和 10 千米的越野滑雪。

在团体赛（每队 4 名队员）中，运动员会进行 K95 米高的跳台滑雪和 4 千米的越野滑雪接力赛。在接力赛中，每队运动员的出场次序与第 1 天跳台滑雪的出场次序一样。

知道多一些

1767 年，挪威已经有军队举行北欧两项比赛的官方记载。1883 年，北欧两项被列入霍尔门科伦滑雪大奖赛。20 世纪初，北欧两项成为挪威全国性的比赛项目，并开始向世界推广。由于该项目难度比较大，且对训练场地的要求非常高，目前，世界上开展北欧两项的只有二十多个国家，其中大多为欧洲国家。2017 年，我国才组建了第 1 支北欧两项滑雪队。

两个项目组合，怎么计算排名呢

北欧两项比赛规定先进行跳台滑雪比赛，再进行越野滑雪比赛。第 1 天跳台滑雪赛，运动员的出发顺序由抽签决定，然后将得分换算成秒数，进行排名。第 2 天是越野滑雪比赛，运动员出发顺序由第 1 天跳台滑雪赛的成绩排名决定，得分最高者首先出发。相邻 2 名运动员的出发时间间隔由他们在跳台滑雪赛中的得分差决定，每落后 1 分就要推迟 4 秒出发，以此类推。最后，率先到达终点的运动员为第 1 名。

强者中的强者——桑帕 · 拉尤南

桑帕 · 拉尤南，北欧两项明星运动员，1979 年出生在芬兰。1998 年，在长野冬奥会北欧两项比赛中，拉尤南获得个人及团体赛 2 枚银牌。2002 年，在盐湖城冬奥会北欧两项比赛中，拉尤南所向披靡，获得该项目的全部 3 枚金牌，成为第 1 位在 1 届奥运会中夺得 3 枚北欧两项金牌的运动员。

北欧两项其实是有女子项目的：国际的世界杯、洲际杯，国内的全运会、冠军赛都设有女子比赛项目，只是因为女子项目开展较晚，所以暂时没有被列入冬奥会，但世界各国都在积极发展北欧两项女子项目。相信不久的将来，北欧两项女子项目就会在冬奥会上出现了！

冬季两项

冬季两项由越野滑雪和雪上射击 2 个项目结合而成：运动员身着越野滑雪装备，背着小口径步枪，每滑行一段距离进行一轮射击，最先到达终点者获胜。1924 年，在首届冬奥会上，冬季两项被列为表演项目；1960 年，在第 8 届斯阔谷冬奥会上，冬季两项被正式列为比赛项目，并定名为现代冬季两项。2022 年，北京冬奥会冬季两项的 11 项比赛将在国家冬季两项中心举办。

比赛场地

冬季两项比赛场地由滑雪场、射击场、处罚圈组成。

滑雪场与越野滑雪场地相同，包括起始点和接力区；射击场设在起点区和终点区附近较平坦的地段，射击靶台前沿与靶板线间的距离为 50 米，靶子与射击靶位号码要一致；处罚圈在射击场附近，设有 2 条圆形或者椭圆形的雪道，作为射击脱靶处罚使用，周长为 150 米。

运动员必备能力——控制心跳

冬季两项是一个“动—静—动”的运动过程。在滑行中，运动员心率一般超过每分钟 150 次，是动的体现。而在射击时，运动员要尽快调整呼吸，保持相对静止，准确射击。射击完后，再次进行快速滑行。所以，冬季两项的比赛要求运动员具有过硬的滑雪技术，有在快速滑行后迅速调整呼吸、平稳心态的能力，还要有高超的射击技术，三者缺一不可。

“冬季两项之王”——比约达伦

1998 年，在长野冬奥会上，比约达伦获得 1 金、1 银。2002 年，在盐湖城冬奥会上，他将 4 项冬季两项比赛的冠军全部收入囊中。此外，他还 9 次获得世界锦标赛冠军。挪威国王哈莱德也因此授予他“伟大的挪威人”的称号。

2019 年 9 月 12 日，他开始担任中国冬季两项国家队主教练，而他的妻子则担任中国女队教练，两人携手帮助中国队备战 2022 年北京冬奥会。

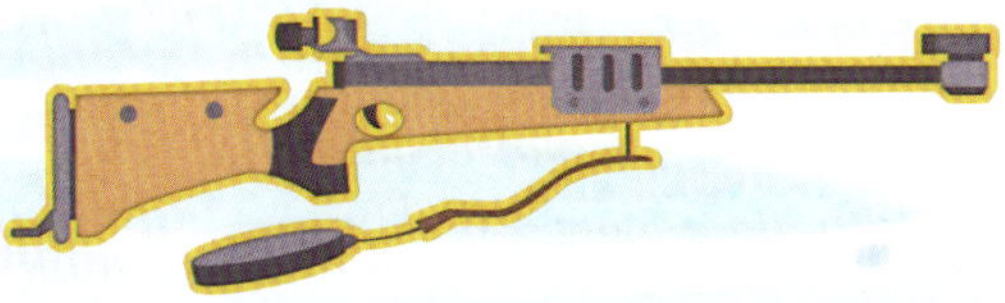

特有装备——小口径专用步枪

冬季两项运动员的射击用枪是 5.6 毫米小口径专用步枪，每个弹夹有 5 发子弹，重量不超过 3.5 千克。比赛前 1 个小时运动员要在靶场进行校枪，比赛前 15 分钟停止校枪。出于安全考虑，每次射击完毕，离开射击台之前，运动员必须退出弹匣和子弹。

由远古滑雪狩猎演变而来

现代冬季两项历史悠久，起源于斯堪的纳维亚半岛，由远古时代的滑雪狩猎演变而来，中世纪开始逐渐被纳入军事训练科目。1767 年，守卫在挪威与瑞典边界的挪威边防军巡逻队，举办了第 1 次滑雪和射击比赛。据记载，这是世界上最早的现代冬季两项比赛。

自由式滑雪

自由式滑雪是在高山滑雪的基础上发展而来的一种高难度技能项目。运动员集高山滑雪技术和体操技巧于一身，或在上坡时，或在专门修建的起跳点、U 型场地内……通过完成高难度的空中技巧和娴熟的滑雪技巧来一决胜负。北京冬奥会将在自由式滑雪项目上产生 13 枚金牌。

自由式滑雪是怎么发展起来的

20 世纪初，在挪威、意大利和奥地利，有人开始在滑雪场表演翻跟斗。20 世纪 20 年代，美国运动员开始做翻转和旋转动作。20 世纪 50 年代，挪威奥运冠军埃里克森率先尝试雪上技巧，推动项目逐渐兴起。1979 年，国际滑雪联合会正式确认这一项目，并制定相关规则以统一技术标准和保障运动员安全。1988 年，在加拿大卡尔加里第 15 届冬奥会上，自由式滑雪雪上技巧项目作为表演项目第 1 次出现。1992 年，在法国阿尔贝维尔第 10 届冬奥会上，自由式滑雪被列为比赛项目。

空中技巧

空中技巧的运动员穿雪板在跳台上起跳，在空中完成一系列翻腾和旋转动作。空中技巧和体操中的跳马比赛很像，只不过助跑改成了助滑。裁判员根据起跳、空中动作和落在着陆坡上稳定滑行的表现，结合动作的难度系数给出成绩。

空中技巧的场地由助滑坡、过渡区、平台区、跳台、着陆坡和停止区组成。空中技巧比赛很容易受天气影响，所以场地专门设有 3 个风向标。

自由和创新的代表

代表着自由和创新的自由式滑雪包括空中技巧、雪上技巧、U 型场地技巧、障碍追逐、坡面障碍技巧等小项，不同小项各具特色，对场地的要求也不相同。

障碍追逐

比赛在一个包含不同回转、跳台、波浪和其他地形的赛道中进行。赛道长度为800~1300 米，垂直落差为140~260 米，坡度为 5~22 度。场地上设有旗门，连续旗门有颜色间隔。

坡面障碍技巧

运动员在由铁轨、桌子、箱子、平台等各种障碍及跳台构成的赛道上进行比赛，滑行时间超过 20 秒钟，否则成绩无效。

坡面障碍技巧赛道地形复杂，最少有 2 个不同地貌以及 3 个跳台，设有多条路线供运动员选择。场地垂直落差最小为 150 米，斜坡平均角度为 12 度，宽为 30 米。

雪上技巧

比赛时，运动员要快速通过由雪包组成的赛道，并在前后 2 个跳台完成 2 种不同的跳跃动作。比赛成绩包括滑行技术分、空中动作分和计时成绩 3 个部分。

雪上技巧的场地多建在陡峭的斜坡上，场地长为 200~270 米，宽为 15~25 米，坡度为 24~32 度。斜坡上布满密集的雪包，赛道上下分别设有跳台，以便运动员起跳完成空中动作。

U 型场地技巧

对页图所示为 U 型场地技巧。运动员从倾斜的半圆筒形斜坡往下滑，并展现跳跃、腾空、回转等空中技巧。裁判根据运动员动作高度、回转、技巧、难度系数等要素打分。

U 型场地技巧比赛在一个 U 型雪槽中进行，雪槽的长度为 150~170米，宽度为19~22 米，深度为 6.7 米，坡度为 17~18 度。

自由式滑雪怎么训练呢

自由式滑雪空中技巧是集“稳、难、准、美”为一身的技能类项目。每年 7 月到 10 月非雪季，运动员会利用水池跳台进行训练，并通过水池跳台比赛检验阶段性训练成果。

自由式滑雪水池赛

2020—2021 赛季自由式滑雪空中技巧、雪上技巧水池赛于 2020 年 10 月 1 日在秦皇岛训练基地拉开战幕。这也是我国第 1 次举办雪上技巧水池赛，以检验运动员的夏训成果。

谷爱凌——国际雪联 2019—2020 赛季“最佳时刻”

2019—2020 赛季自由式滑雪世界杯卡尔加里站，中国选手谷爱凌先在 U 型场地技巧比赛夺冠，后又在坡面障碍技巧项目再获 1 金，加冕本站比赛“双冠王”。此外，她还在 2020 年 1 月瑞士洛桑冬青奥会上获得 U 型场地技巧和大跳台的金牌以及坡面障碍技巧的银牌。

国际雪联在官网上评价谷爱凌：“她已经是在 3 个项目上都具有相当威胁性的选手，有人已经将她看作是目前世界上最优秀的女子自由式滑雪运动员，尽管她还只有 16 岁。”

特别注意

自由式滑雪项目有夜场比赛，虽然运动员全都戴着雪镜，闪光灯在远距离的情况下影响并不明显，但近距离使用闪光灯拍摄时，就会干扰运动员的视觉系统。同时，近距离接触赛道的观众也不要大声欢呼和向高空抛物，这些行为都会影响运动员比赛。

单板滑雪

单板滑雪也被人们称为“冬季冲浪”，是滑板和冲浪的结合。运动员利用身体和双脚来控制方向，在赛道上做出滑行、跳跃、腾空、跨越障碍等一系列技术动作。2022 年，北京冬奥会单板滑雪比赛一共将产生 11 枚金牌。

单板滑雪是如何产生的

单板滑雪起源于美国。1965 年，舍曼·波潘把 2 个滑雪板绑在一起，形成一个新的“滑雪板”，两脚踩在上面进行滑雪，由此开创了这项运动。20 世纪 80 年代，单板滑雪风靡美国，之后又传到欧洲。1998 年，在长野冬奥会上，单板滑雪首次被列为正式比赛项目。

肖恩·怀特——“飞翔的番茄”

肖恩·怀特获得过 3 枚冬奥会男子单板滑雪 U 型场地冠军，并在冬季和夏季极限运动会上获得过 15 枚金牌。他也是第 1 个完成侧空翻加转体、侧空翻变向加转体 1080 度、前空翻加后空翻加转体 1260 度等高难度动作的运动员。他因为有一头飘逸的红色长发，被人们亲切地称为“飞翔的番茄”。

肖恩·怀特其实患有先天性心脏畸形，这种疾病如果不及时治疗，只有 10% 的患者能够存活到 20 岁。通过治疗，他不仅存活了下来，还成了世界上最好的单板滑雪运动员，被人们称为“单板滑雪之王”。

云顶滑雪公园

云顶滑雪公园位于张家口市崇礼区，这里气温很低，年平均气温只有 3.3 摄氏度，积雪时间长达 150 天，是 2022 年北京冬奥会和冬残奥会自由式滑雪及单板滑雪的比赛场地。

单板滑雪和自由式滑雪很像

单板滑雪包括男、女个人 U 型场地技巧、坡面障碍技巧、障碍追逐、大跳台、平行大回转以及障碍追逐混合团体项目。

单板滑雪和自由式滑雪技巧类的项目几乎是一样的，且它们共用场地和裁判。2 种比赛的评判标准也是一样的，都从 5 个方面进行打分：完成度、难度、高度、动作的多样性和动作的新颖性。

那么二者的区别是什么呢？最直观的区别就是单板滑雪使用单板，自由式滑雪使用双板。在滑行时，双板运动员做动作时会分左右、前后，但是单板运动员做动作时只分左前、右前。

U 型场地技巧

比赛中，运动员跟随音乐的节奏做出滑行、腾空、旋转等各种技术动作，一场比赛需要做 5～8 个造型。

障碍追逐

比赛为竞速类项目，按组进行，每组由 4 名运动员组成，前 2 名运动员进入下一轮比赛。运动员在滑行中必须穿越旗门，通过坡面，并以回转、跳跃等技术动作跨越波浪道、雪坝、小跳台等障碍物，决赛最先通过终点线的运动员为胜利者。

坡面障碍技巧

比赛时，滑行距离长，障碍物设置多。运动员以最快的速度越过滑道上的钢轨、平台、桥梁等障碍物，做出飞行、跳跃、翻腾、旋转等技术动作，具有较强的观赏性。

大跳台

比赛场地分为助滑区、起跳台、着陆坡和终点区域 4 个部分。比赛时，运动员从高处滑行而下，通过起跳台起跳，完成各种空翻、转体、抓板等动作后落地。冬奥会自由式单板大跳台的比赛场地设在北京市石景山首钢园内，这是第 1 次把滑雪项目设置在城市里，人们可以近距离在城市中观看冬奥会滑雪比赛。

平行大回转

比赛线路长度为 400~700 米，宽度至少 40 米，落差为 120~200 米，一般设置 18~25 组旗门，分为红色旗门和蓝色旗门 2 条赛道。比赛中，2 名运动员分别从间距 8 米的 2 个旗门同时出发向下滑行，运用左右回转的技术动作穿过 25 组三角旗门，最先到达终点的运动员进入下一轮。决赛中领先到达终点者获胜。

器材和装备

单板滑雪装备共有 4 件，分别为滑雪服、头盔、滑雪镜（避免紫外线或雪光反射造成不适）和滑雪手套。器材共有 3 件，分别为滑雪板、滑雪鞋和固定器。

一起来学 3 个入门动作吧

单板滑雪的入门并不太难，只要掌握几个简单的技巧，多多练习，就能在雪地上完成一定难度的滑行了。一起来学 3 个基础动作吧！

正确的站姿：膝关节微屈，挺直背部并抬头，双臂自然放在腿的两侧。

直线下滑：重心要放在前腿上，手臂向前，挺直腰背，抬一点下巴，膝关节略弯曲，这样就可以保持很好的平衡。

刹车：将重心放在前腿上，上身向外侧转，眼睛同时看向外侧，后腿向前踢板，脚尖抬起，做推板动作，后刃形成刹车。

冬残奥会

为什么要举办残奥会

残奥会就是专门为残疾人举办的奥运会，借此展现残疾人运动员自强不息、拼搏进取的精神风貌。它的诞生与国际残疾人运动会的兴起有关。

第二次世界大战期间，欧洲战场上的伤残士兵自发组织起来进行康复活动，于是有了国际残疾人体育运动，后演变为国际性赛事，这就是第 1 届国际斯托克 · 曼德维尔运动会。

1960 年，来自世界 23 个国家和地区的 400 名残疾人运动员齐聚罗马，参加了首次国际残疾人运动会。1964 年，国际残疾人运动会开始由奥运会举办国同时举办，但举办地点可以不在同一个城市。1976 年，斯托克 · 曼德维尔运动会与残疾人运动会合并，在加拿大蒙特利尔奥运会结束后，于多伦多举办了第 5 届国际残疾人运动会。

郑鹏在 2018 年平昌冬残奥会越野滑雪男子坐姿 15 千米比赛中获得第 4 名。

得到国际奥委会的正式批准

国际奥委会和国际残奥委会是不同的两个国际体育组织，它们在举办奥运会方面有着良好的合作。1984 年，国际奥委会正式批准使用“残疾人奥林匹克运动会”的称谓，将“残奥会”视为奥林匹克运动的一部分。之后，国际奥委会陆续做出规定，残奥会不但要与奥运会在同一年、同一城市举办，还应由同一个组委会负责组织，并且要共享场馆和设施。

在 2018 年平昌冬残奥会上，中国轮椅冰壶队夺得冠军，这也是中国代表团 16 年来征战冬残奥会首次获得金牌。

冬残奥会是怎么来的

冬残奥会缘起于 20 世纪 70 年代举办的各种残疾人滑雪比赛。1976 年，在瑞典恩舍尔兹维克举办的国际残疾人冬季运动会被追认为第 1 届冬残奥会。

中国残疾人冬季运动起步比较晚，在 2002 年美国盐湖城冬残奥会上，中国体育代表团首次参赛。

冬残奥会项目

2022 年，北京冬残奥会共设有 6 个大项、78 个小项，比赛同样在北京、延庆、张家口 3 个赛区举行。项目有残奥冰球、残奥高山滑雪、残奥单板滑雪、残奥越野滑雪、残奥冬季两项和轮椅冰壶。由于冬残奥会参赛运动员的特殊性，比赛项目在计时、计分上与冬奥会均有所不同。

残奥高山滑雪

残奥高山滑雪设回转、大回转、超级大回转、滑降和超级全能 5 个项目，共产生 30 枚金牌。根据运动员残障情况不同，比赛分为坐姿、视力障碍和站姿 3 个组别。比赛中运动员可以用器械撞击旗门，但是肢体不得直接触及雪面。

残奥高山滑雪是在世界范围内广泛开展的一项运动，具有身体缺陷的，如脊髓损伤、脑瘫、截肢和视力障碍的运动员均可参赛。运动员同样需要掌握速度与技巧来完成比赛，下坡时速度可达 100 千米 / 时。根据残疾程度，运动员分为 13 个等级，成绩分别计算，比赛用时乘以运动员各自的分级系数才是最终成绩。

比赛中，回转和大回转比拼的是技术，运动员沿不同线路绕旗门滑行 2 次，错失任何一个旗门成绩都为无效。超级大回转和滑降则是速度的较量，仅有 1 次滑行机会。超级全能比赛要在 2 个不同小项的赛道上各滑 1 次。

3个组别及所用器材

坐姿

无法站立的运动员使用坐式滑雪器加助滑器，为了便于平衡和转向，配备专用短支架。这些器材需要根据每名运动员的残疾程度量身定做。

站姿

单下肢运动员使用单滑雪板加助滑器，或佩戴假肢使用双滑雪板参加比赛。

视力障碍

视力障碍运动员参赛，由领滑员使用对讲机或扬声器引导配合完成，全盲运动员则需要佩戴全黑镜片滑雪镜。

残奥越野滑雪

残奥越野滑雪参赛运动员为肢体残疾或视力残疾的运动员，根据功能损伤不同，参赛运动员分成站姿、坐姿和视力障碍 3 个组。比赛分传统式和自由式 2 种技术动作，比赛距离从 1 千米~20 千米不等，分为个人赛和团队接力赛。

怎么计算成绩

运动员的排名以其脚尖越过终点线的时间为准，如果运动员冲过终点线时摔倒，其成绩以所有身体部位在不借助他力的前提下通过终点线的时间为准。

视力残疾运动员的成绩以其本人（而非领滑员）出发及到达的时间为准。如有分级情况，则需要乘以不同的系数。

不一样的比赛装备

不同组别，运动员所使用的装备有所区别。

站姿

站姿运动员可根据其身体状况采用 2 个、1 个或不使用雪杖进行比赛。

视力障碍

除全盲级运动员需戴眼罩并配领滑员外，其余级别运动员可自愿选择是否使用领滑员。

坐姿

坐姿滑雪是在一对滑雪板上装一个椅子，运动员坐在椅子上，使用绑定的坐姿助滑器和雪杖参赛；座位各连接处不能安装弹簧等弹性部件，座位与雪板连接处不可调节。

接力赛

接力赛女子是 4×5 千米接力赛，男子是 4×10 千米接力赛。在接力赛中，每一队有 4 名运动员，前 2 名运动员必须使用传统式技术滑行，后 2 名运动员必须使用自由式技术滑行。传统式技术要求运动员的雪板在赛道的雪槽中前后交替滑行。自由式技术可以在赛道上采用侧蹬等方式滑行。混合接力则要求至少有 1 名女运动员参加。

知道多一些

残奥越野滑雪比赛线路要求上坡、下坡和起伏各约占三分之一。一般情况下，站姿组和视力障碍组的赛道难度高于坐姿组。坐姿组赛道在落差与角度方面难度相对较小，线路相对容易。

残奥冬季两项

从 1988 年因斯布鲁克冬残奥会开始，残奥冬季两项就被列为正式比赛项目，当时只有肢体残疾的运动员能参加。1992 年，视力残疾的运动员也有资格参赛。2022 年，残奥冬季两项比赛将在张家口赛区国家冬季两项中心举行。

残奥冬季两项同样分视力障碍、站姿、坐姿 3 个组别。比赛出发、计时的规则以及成绩计算方法与残奥越野滑雪相同，赛道也基本相同。其中，坐姿组比赛的运动员在人工开出的雪槽内滑行。站姿组及视力障碍组则全部采用自由式滑雪技术。

比赛设项

残奥冬季两项男女各设短距离、中距离和长距离 3 个项目。短距离比赛运动员有 2 轮射击，中距离和长距离各有 4 轮射击，每次射击 10 米远处的 5 个环靶，滑行时枪支不用随身携带。短距离和中距离比赛，脱靶 1 次需在处罚道加罚 1 圈，每圈 150 米；长距离比赛，脱靶 1 次加罚 1 分钟。

射击姿势及特殊装备

站姿组和坐姿组

站姿组运动员采用卧姿，坐姿组运动员可以选择卧姿或坐姿射击。2 组运动员都使用气步枪。

视力障碍组

这一组的运动员怎么射击呢？他们同样采用卧姿，但使用的电子步枪上装配了有声瞄准系统（枪支各部件规格与气步枪一致），通过佩戴耳机收听电子靶位的提示音辨别方位和时机进行射击。靶场区域，除滑行所必需的语言提示外，领滑员不得与运动员进行其他交流。

残奥单板滑雪

残奥单板滑雪是冬残奥会最年轻的一个分项，在 2014 年索契冬残奥会上首次亮相。从 2018 年平昌冬残奥会起，残奥单板滑雪作为一个单独竞赛大项从高山滑雪中分离出来。目前，残奥单板滑雪只设立了站姿组项目。2022 年，北京冬残奥会单板滑雪比赛将在张家口的云顶滑雪公园进行。运动员分为下肢残疾 1 个级别和上肢残疾 2 个级别。

赛制

坡面回转采取单人计时赛形式，运动员滑行 2 轮，以用时最短的一轮成绩决定最终排名。障碍追逐赛预赛采取个人计时赛形式，运动员逐个出发。决赛采取双人淘汰赛形式。名次由身体或雪板最先通过终点线的顺序决定。

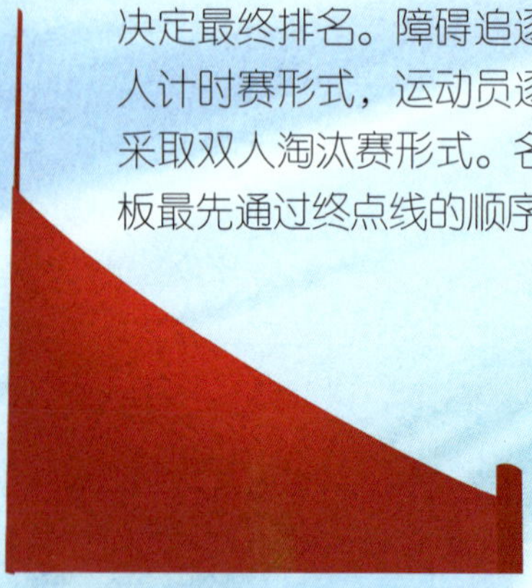

只有竞速赛

与冬奥会单板滑雪比赛以技巧类为主不同，残奥单板滑雪只有竞速项目，分为坡面回转和障碍追逐 2 个项目。运动员需要穿越一定数量的旗门，在起伏不平的雪道上以最快速度完成滑行。

比赛装备

运动员必须穿分体式服装。比赛装备包括滑雪板、滑雪靴、分体式服装、头盔、滑雪镜和残疾人运动员特有的辅助器材，如保护装置和假肢等。比赛对滑雪板的参数没有明确规定，大部分运动员在进行追逐比赛时会使用竞速类滑雪板，这种滑雪板滑行速度更快且更加稳定。

残奥冰球

残奥冰球原名冰橇冰球，场地规格与冬奥会中的冰球项目完全一致，参加人数、比赛规则也基本相同。不同的是，参加这项运动的都是下肢残疾的运动员，而且每队至少有 1 名女运动员。运动员坐在冰橇上参加比赛。

残奥冰球的诞生

1960 年初，在瑞典斯德哥尔摩的一个康复中心，一批热爱冰球运动的肢体残疾人士创造出了冰橇冰球运动。他们用 2 个正常尺寸的冰刀改造出金属框架的冰橇（冰球可以从冰橇下面通过），用圆杆的自行车把手作为杆子，在斯德哥尔摩南湖上打起了冰橇冰球（不用守门员）。

1969 年，斯德哥尔摩举办了第1届国际冰橇冰球比赛。1976 年，因斯布鲁克冬残奥会上冰橇冰球被列为表演项目。1994 年，挪威利勒哈默尔冬残奥会将冰橇冰球列为正式比赛项目。

专用装备

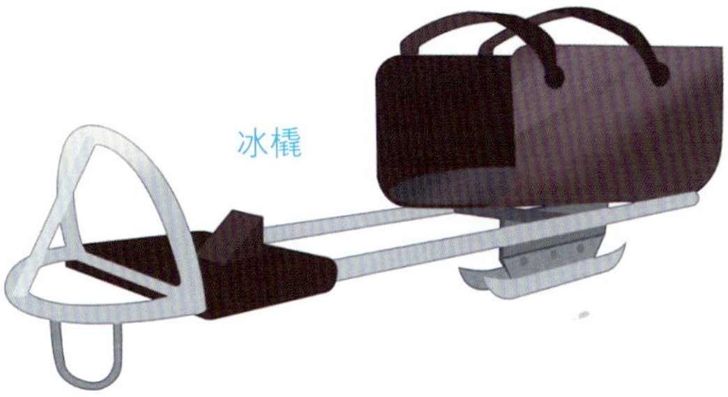

冰橇是由钢、铝、钛和镁等材料制作，由车架、足跟支撑、前滑轨、足蹬、座斗和 1~2 个冰刀共同组成的专用装备，可为下肢损伤的运动员提供保护和帮助。每个运动员的冰橇都要根据比赛规则、身体条件量身定做。运动员不可以使用冰橇前部撞击对手。

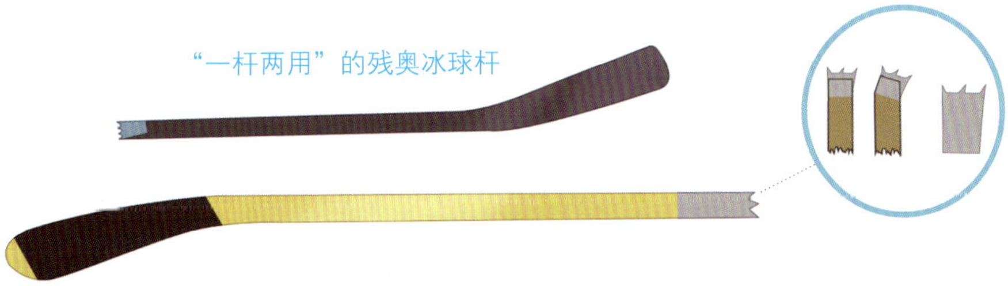

球杆可以由木头或碳纤维材料制成，比较轻，不易损坏，球杆最长为 1 米，杆头最长为 32 厘米，最宽为 7.5 厘米。球杆较尖的一端用来推行冰橇，像船桨的一端用来击打冰球。

轮椅冰壶

轮椅冰壶，顾名思义，运动员必须坐在轮椅上进行比赛，这是冬残奥会中技巧性很高的项目，在2006年都灵冬残奥会上被列为比赛项目。轮椅冰壶比赛场地与冬奥会冰壶项目使用的比赛场地标准一样：4条赛道，赛道长45.72米、宽5米。轮椅冰壶和普通冰壶比赛有些不同。

1 男女混编的队伍

轮椅冰壶为混合赛，每支队伍至少有1名女运动员。轮椅冰壶比赛和普通冰壶比赛规则一样。

2 不允许刷冰

比赛中不允许刷冰，冰刷只是用来指示预判投壶点位，也可以选择其他类似器械指示点位。

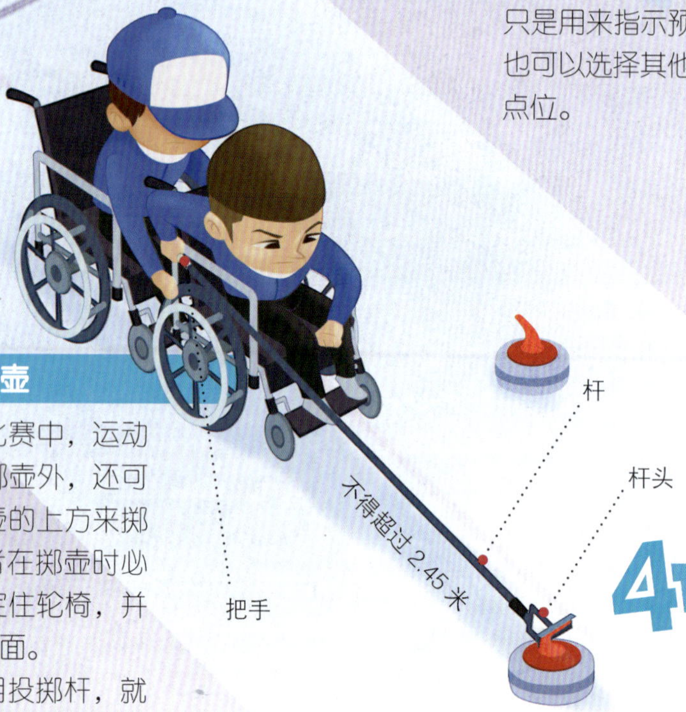

3 可以用投掷杆掷壶

在轮椅冰壶比赛中，运动员除了可以用手掷壶外，还可以用投掷杆挂住壶的上方来掷壶。不过，投壶者在掷壶时必须由队友协助固定住轮椅，并且双脚不得触及冰面。

如果决定使用投掷杆，就必须在每次掷壶时都使用该装备。如果掷壶违例，违例壶将被清除，其他冰壶将由未违例队伍放回违例发生前的位置。

4 安静的集体博弈

与普通冰壶比赛“最喧嚣的现场”不同，轮椅冰壶运动员不会高声指挥队友，一切都静悄悄地进行。

青年奥林匹克运动会

青年奥林匹克运动会简称青奥会，是 2007 年由国际奥委会创办的，专门为年满 14~18 岁的青少年设计的综合运动会。它也被人们称为“小奥运”，比赛项目大部分与奥运会相同。

青奥会分为夏季青奥会和冬季青奥会，每 4 年举办 1 届，由举办国向国际奥委会提出申请，通过国际奥委会全体委员投票选出举办城市。近年，奥运会举办工作进行了一些改革，可采取联合举办方式进行。

历届夏季青奥会

2010 年，第 1 届夏季青奥会在新加坡举办；
2014 年，第 2 届夏季青奥会在中国南京举办；
2018 年，第 3 届夏季青奥会在阿根廷布宜诺斯艾利斯举办。

历届冬季青奥会

2012 年，第 1 届冬季青奥会在奥地利因斯布鲁克举办；
2016 年，第 2 届冬季青奥会在挪威利勒哈默尔举办；
2020 年，第 3 届冬季青奥会在瑞士洛桑举办。

青春的风采

下一代跳水女王——林珊

17 岁的天才少女林珊在布宜诺斯艾利斯青奥会上参加的 3 个项目全部拿到金牌，分别为女子单人 10 米台、3 米板及混合团体，被人们称为“下一代跳水女王”。

首枚“奥运”级别的冬季两项金牌

在 2016 年冬季青奥会中，朱朕宇和孟繁棋获得冬季两项单人混合接力赛金牌，这也是中国史上首枚“奥运”级别的冬季两项金牌。

为什么要举办青奥会

聚集世界范围内有天赋的青少年运动员，组织一项高竞技水平的大赛，为青少年创造未来，这就是青奥会的主旨。

青奥会鼓励青少年以奥林匹克的价值观来生活，并成为奥林匹克主义的宣传大使，广泛传播“相互了解、友谊、团结、公平竞争”的奥林匹克精神，使之成为青少年的共同理想；树立健康向上的榜样，鼓励引导青少年积极参与体育运动，在参与、互动、共享氛围中快乐成长。

为了倡导融合与交流，青奥会不设立官方奖牌榜，并且在一些混合和团体小项中，还会将运动员抽签配对，组成跨国组合参赛。

你了解南京青奥会吗

2014 年南京青年奥林匹克运动会，又称南京青奥会，是继 2008 年北京奥运会后中国举办的又一个重大奥运赛事，是中国首次举办青奥会。大赛共设 28 个大项、222 个小项，有来自 204 个国家和地区的 3787 名运动员参加比赛，是参赛国家和地区最多的体育大赛之一。

南京青奥会会徽

会徽图形由 3 部分组成，以青奥会英文名称及其视觉标志为基础，以年份数字“2014”为构图过渡，将世界闻名的南京明城墙城门和江南民居轮廓进行艺术组合，勾勒出英文“NANJING”字样，寓意欢迎、交流的青春之门，象征欢聚、健康的青奥之家。

知道多一些

2019 年 12 月，颇受青少年喜爱的街舞、滑板、攀岩、冲浪、空手道 5 个项目被列入青奥会正式比赛项目。2020 年 1 月，武术被列入第 4 届青奥会正式比赛项目。

青春、活力的吉祥物

吉祥物砳砳（lèlè）的设计灵感来自南京有名的特产雨花石。“砳”本意是指敲击石头发出的声音，象征劈山开路。“砳砳”象征着南京青奥会在探索中奋勇前行，为全世界的青少年带来惊喜与快乐。

“飞鱼”沈铎

在 2014 年的南京青奥会上，“飞鱼”沈铎参加游泳项目 6 项赛事，夺得 6 项全部金牌，成为该届青奥会游泳项目获得金牌最多的运动员。

我们的冬奥会

北京冬奥会是一件大事，需要大众的参与。其中，观看冬奥比赛就是一种很好的参与方式。我们可以通过现场观看和远程观看 2 种方式支持我们的冬奥会。

观赛礼仪

文明的比赛需要文明的观赛，各种体育赛事都有现场观赛礼仪。一起了解冬奥会观赛礼仪，做个文明的小观众吧！

- 提前入场，在指定区域观赛，不得出入比赛区，以免干扰运动员比赛。
- 自觉关闭手机铃声，比赛过程中请勿大声接打电话或喧哗，不使用带有闪光灯的照相设备，以免影响运动员。
- 观看比赛时，不走动，不吸烟，不吃带响声的食物，不损坏公共设施，不往场地里乱扔废弃物。
- 无论胜负，不分国籍，对所有参赛运动员的精彩表现报以热烈掌声，予以鼓励。
- 各项比赛升国旗、奏国歌时，观众不提前离场，应肃立行注目礼，对于各国的国旗、国歌，都应同样尊重。
- 适当了解比赛项目的基本规则，避免因为理解上的误差与裁判员意见不同而起哄，影响赛场秩序。
- 比赛中不得与裁判员等工作人员进行任何形式的谈话，包括询问成绩、对判罚有异议等。
- 冬残奥会颁奖仪式上，运动员需要褪去运动装备，可能会展示出身体残疾，与运动员高超的场上表现形成很大的反差。请以掌声表示尊重与鼓励。
- 比赛完全结束后再有序离场，离开赛场应将垃圾带离，保持环境整洁。

“身临其境”——VR 观赛

不能到比赛现场观看？也不用太遗憾。北京冬奥会将开启“智能观赛”模式，让观众即使不在现场，也能身临其境。在 5G 网络的“高速通道”上，人工智能、虚拟现实（VR）、5G 通信、360 度回放、无人机等先进技术将在北京冬奥会上得到综合运用。VR 技术将会应用于赛事直播，特别是在滑雪等对场地要求较高的运动项目中。

一起参与冰雪运动

很久以前，生活在寒冷地区的人们就以滑冰的方式出行。同时，滑冰也是大家很喜爱的运动。在我国，滑冰曾经被人们称为“冰嬉”，清代的时候还被规定为军事训练项目之一。后来，滑冰的军事色彩慢慢淡化，娱乐功能逐渐凸显，参与的人也越来越多。

冰车是用木板或木条钉成一个长方形木架，在木架下方左、右各钉上一截钯钉。钯钉突出木架之外，用于接触冰面，减少摩擦，利于滑行。人坐在木架上，两手各持一截带尖的铁棍，在冰上一使劲，冰车就滑行起来。同时，铁棍也有掌握方向和制动的作用。

冰车

新疆毛皮滑雪

古时候，新疆阿勒泰地区的人们就开始毛皮滑雪了。为了在恶劣的自然环境中生活，他们创造了“毛皮滑雪板”，又称“察纳”。

毛皮滑雪板由底部附有毛皮的滑雪板、普通棉鞋和兽皮条缝合而成，特别适合狩猎时快速滑行。同时，因为板底粘着马毛，上坡时不容易倒滑下去。

阿勒泰地区的农牧民在使用毛皮滑雪板时，还会配上单木杆滑雪杖，它既可以用来把握方向、保持身体平衡，又可作为打猎时的进攻武器，一举两得，非常实用。

滑冰是一种很好的运动方式，益处多多：可以增强平衡能力、协调能力以及身体的柔韧性，增强心肺功能，提高有氧运动能力，锻炼下肢力量，还有很好的减肥效果……另外，想象一下：在冰面上尽情奔驰，是不是非常开心？

除了穿上冰鞋速滑和花样滑外，在北方，冰车也是一种常见的滑冰工具。单独的冰车上面只能坐 1 个人，把多个冰车串起来，再装饰一下，就是“冰上龙舟”的雏形了。

争当小小志愿者

2022 年北京冬奥会是一次盛大的聚会，也是向世界展示我们美好风貌的时机。现在，我们一起来学习一些问候语及项目名称的外语表达吧！

各国语言说“你好”

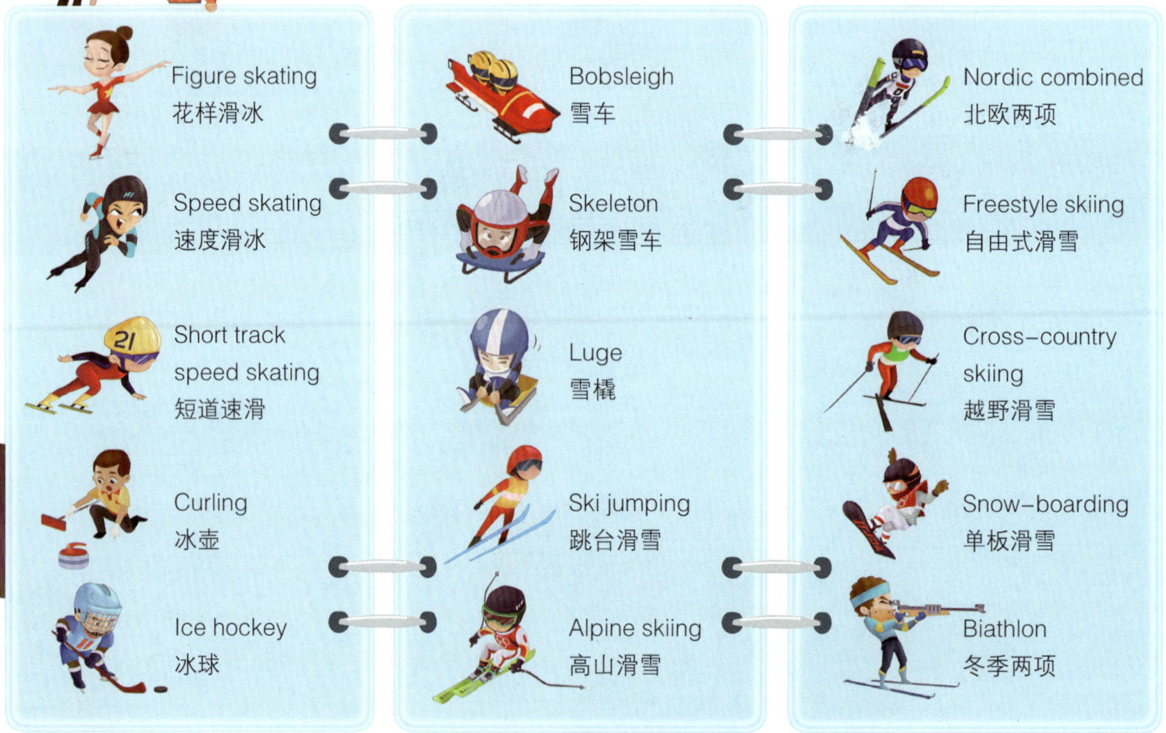

志愿者标识

看出来了吗？这个标志是由国际通用手势“我爱你”演化而来的，像一张青春的笑脸，充满了动感和激情。